全本全注全译丛书

中华经典名著

檀作文◎译注

声律启蒙 上

中华书局

目录

上册

下册

前言

旧时科举,诗赋取士,讲究押韵、对偶、辞藻、典故等文章技巧。这些技巧,需要专门训练。尤其是宋元以来,人们的口语音与诗赋押韵所要求的书面音并不一致,必须通过专门训练来强化韵部记忆。适应这些需求,《声律启蒙》一类的书便应运而生。今天虽然不再诗赋取士,文章体式也与旧时大相径庭,但想要更全面地理解古人作品,仍然需要掌握这些知识。当下正值传统文化复兴期,《声律启蒙》一书引起较大关注,俨然成为畅销书。

当前市场上流行的《声律启蒙》一书,版本不下百数十种,但实际上都源于同一底本,即"光绪癸未(光绪九年,1883)新镌""墨耕堂藏板"《声律启蒙》。这是因为近几十年来较早的影印本(海南人民出版社"原版蒙学丛书"本,1989)、整理本(岳麓书社"传统蒙学丛书"本,1987)及注释本(袁庆述《声律启蒙与诗词格律详解》,海南出版社2005),均以这一底本为母本。清后期流行的《声律启蒙》版本,并不只有这一种。以萧斋所藏及寓目为据,清后期《声律启蒙》版本,从署名方式来看,大抵有三个系列:1.蒋本,内页书名《声律启蒙撮要》,署贵阳蒋太史鉴定,邵陵车万育甫著,湘潭夏大观次临删补、王之干忠遂笺释。卷首有蒋允焄序文。萧斋所藏光绪十六年(1890)文昌书局刊本,即属此种。2.聂本,内页书名《声律启蒙撮要》,署衡山聂铣敏蓉峰重订,邵陵车万育双亭著,湘潭夏大观枫江笺。光绪癸未新镌墨耕堂藏板本,即此种。3.锺本,内页书名《广汉锺氏增订音义声律启蒙撮要》,署邵陵车万育双亭著,湘潭夏大观枫江笺;封面题督学使者聂鉴定,广汉锺氏增订音义。这三个系列,都是两卷本,凡三十篇(上、下平声各十五篇),共九十首(每篇各三首),正文差别不大(几可忽略不计)。锺本可视为聂本的附属衍生品,是在聂本的基础上加了音义。蒋本比聂本多一篇序文,主要差别在著者和注者署名。这三个系列,都将《声律启蒙撮要》原文的作者认定为车万育。对于注者,聂本和锺本认定是夏大观;蒋本则认为夏大观的工作是删补,笺注出于王之干之手。车万育是康熙朝进士,蒋允焄是乾隆朝进士,夏大观是乾隆朝拔贡,聂铣敏、王之干是嘉庆朝进士。这几位,除蒋允焄是贵阳人之外,其他几位都是湖南人,且家乡(邵阳、湘潭、衡山)相距不远。笔者以为,无论是蒋本还是聂本,作者及注者署名,极有可能出于托伪。《声律启蒙撮要》一书,流行于同、光时期,很有可能是湖南一带书商所为。《声律启蒙撮要》一书的著者不是车万育,该书旧注亦未必出于夏大观、王之干之手。理由有二:一是公私各家书目皆不言车万育著是书,亦不言夏大观、王之干注此书;同时代人有关此三人的文字,亦不提他们和《声律启蒙》的关系。二是早在元代就有《声律发蒙》一书,明代即有注解本。内容方面,《声律发蒙》是《声律启蒙撮要》的母本。车万育、夏大观、王之干等人,所做的至多不过是整理增删工作。

《四库全书总目提要》子部类书类存目,著录《声律发蒙》二种。其一为《声律发蒙》(五卷,内府藏本),提要曰:"元祝明撰,潘瑛续,明刘节校补。据高儒《百川书志》云:'《声律启蒙》二卷,元博陵安平隐者祝明文卿撰。自一字七字至(按:不甚通顺,盖因沿袭《百川书志》原书之误。当将"至"移于"七"前),隔句各押一韵,对偶浑成,音响自合,共九十首。'则此编前二卷为明书,后三卷瑛所续也。瑛不知何许人。节有《春秋列传》,已著录。其书每一韵,先列韵字与注,而后列杂言对属之语。

盖为初学发蒙而作,无所当于著述。《百川书志》所云,未免过情之誉也。"其二为《别本声律发蒙》(六卷,编修周永年家藏本),提要曰:"元祝明撰。原书二卷。此本作五卷,盖后人所分(按:恐非,当系后人增三卷)。末附歌一卷,题曰黄石居士撰,不知为谁。每卷又题马崇儒重订,亦不知何许人。据书中前后题识,盖嘉靖中衡王府医正也。"《四库全书总目提要》撰者所见《声律发蒙》二种,系明人整理本,原作者是元人祝明无疑。

"四库全书存目丛书"收录有《声律发蒙》一书,底本系国家图书馆所藏明万历二十一年(1593)涂时相刻本。该本署名:元祝明、潘瑛撰,明刘节辑。涂时相本《声律发蒙》,共五卷,上平声、下平声、上声、去声、入声,各一卷。平声、入声,每篇四段;上声、去声,每篇三段。该书卷首载有刘节写于正德十六年(1521)春的《声律发蒙小引》:"《声律发蒙》五卷。前二卷,安平素菴祝先生文卿所作。后三卷,则四明潘瑛景辉氏续而成之者也。木行书肆旧矣。予尝日取课稚子音,因其讹传,病中辄较订,间增补至三百首,庶足愚幼者岁肄云。"《百川书志》云祝明所作《声律发蒙》共九十首,应当只有平声三十韵部,每篇(每一韵部)各三段(首)。潘瑛续作,当是续上、去、入三声部分。刘节在整理该书时,又有补作,对三十个平声韵部各篇皆增加了一段。

《千顷堂书目》(卷三)小学类,著录有王暹《声律发蒙解注》一书。下云:"字希白,将乐人。洪武丙子举人。授广西兴安县学训导,历官翰林院编修。"康熙本《云南府志》(卷二十一)载有李澄中所作《兰隐君祠堂记》一文,云"庚午冬,余自滇南奉使回,至杨林迟客。闻其地有兰先生者,讳茂,字廷秀,号止庵,明洪武时人。所著有……《声律发蒙》……等书"。据此可知,《声律发蒙》在明中叶以前即有刘节本、王暹本、兰茂本三种版本。兰茂本,虽然同名,但内容上属于另外一个系列。该书用韵以东钟、山寒合部,不是"平水韵"系统。明人李开先所作《续对又序》(《李忠麓闲居集》,文卷六)一文云:"今世人生七八岁,出就小学,先习对句,然后讲书作文。所传《声律发蒙》……皆为童子科设也。"可见《声律发蒙》一书在明中叶颇为流行,且与童子科有关。但明末直至清中叶,《声律发蒙》一书的影响似又沉寂了。"四库全书"只在子部存目著录该书,且评价甚低。该书再次流行,则已到清后期。且已改头换面,书名变成《声律启蒙撮要》,作者变成了车万育。清后期流行的《声律启蒙撮要》不过是刺取明本《声律发蒙》的平声二卷而已。《声律启蒙撮要》每篇三段,大部分内容,直接抄自明本。但也有一些改动。这些改动,或许出自车万育之手;或许是书商倩人所为,而伪冒车万育之名。

　　因清后期的两卷本《声律启蒙撮要》较为通行,我们这次的注释整理工作,亦以光绪癸未新镌墨耕堂藏板《声律启蒙撮要》为底本,而以他本校对。整理的原则是尊重该书的编写原则,即突出押韵、对偶、辞藻、典故四方面特征。

　　我们对该书原文做了严格的校勘工作。通行本《声律启蒙撮要》有数处出韵,凡出韵处,皆系清人妄改《声律发蒙》原书所致。我们参考《声律发蒙》原书,对这些出韵字皆做了改动。改动的原则是尽可能只改动一个字,即找一个叶韵的字替换出韵的字。《上平五微》篇,通行本"虎节对龙旗","旗"字出韵,改为"旍"。《上平十一真》篇,通行本"冉冉一溪冰","冰"字出韵,改为"春"。《上平十二文》篇,"虎也真百兽尊","尊"字出韵,改为"君"。《下平三肴》篇,通行本"蟋蟀对螵蛸","螵蛸"之"蛸"在下平"二萧"部,出韵,改"螵蛸"为"蟏蛸"("蟏蛸"之"蛸",在下平"三肴"部)。《下平九青》篇,通行本"渔火对禅灯","灯"字出韵,改为"扃"。《下平十蒸》篇,通行本"燕雀对鹏鹍","鹍"字出韵,改"鹏鹍"为"鹍鹏"。《下平十四盐》篇,通行本"雨绵绵","绵"字出韵,故改"雨绵绵"为"月纤纤"。《下平十五咸》篇,通行本"翠巘对苍崖","崖"字出韵,改为"岩"。《下平六麻》篇,"凸对凹",严格来说,"凹"字不在诗韵"六麻"部,但清人有"凹""窊"二字互相借代、读"凹"作"窊"的惯例,我们在注释中对此详加考订辨析,但未改"凹"作"窊",这是考虑"凸对凹"在形音义上对偶性更强的缘故。

从对仗的角度考虑，我们对原书做了两处改动。《上平二冬》篇第一段首句"春对夏，夏对冬"一句，通行本《声律启蒙撮要》作"春对夏，秋对冬"，当是以四季之名作对，但"秋""冬"二字皆平声，不宜对仗。故据涂时相本，改"秋对冬"为"夏对冬"。《下平九青》篇，长对句"倦绣佳人，慵把鸳鸯文作枕；吮毫画者，思将孔雀写为屏"，通行本作"绣倦"，与下句"吮毫"不成对仗，故改为"倦绣"。

从典故的角度，我们发现通行本《声律启蒙撮要》有数处错误。如《上平三江》篇第二段的"道旁系颈子婴降"，通行本《声律启蒙撮要》作"道旁系剑子婴降"，将季札"系剑"和子婴"系颈"两个典故用混了。且明涂时相本此句作"道旁系颈子婴降"，故我们径改"系剑"为"系颈"。《上平十二文》篇第三段"蔡茂对刘蕡"一句，通行本《声律启蒙撮要》作"蔡惠对刘蕡"，但据《后汉书》，当作"蔡茂"。且明涂时相本作"蔡茂"，故我们径改"蔡惠"为"蔡茂"。另，《上平四支》篇第三段"张骏曾为槐树赋"，《槐树赋》的作者应是西凉武昭王李暠，而非前凉世祖张骏。但清后期通行本《声律启蒙撮要》的这一错误，是沿袭明涂时相本的，故我们在注释中对此给以详细考辨，但并未改动《声律启蒙》原文。

清后期通行本《声律启蒙撮要》有旧题夏大观注六七百条，但终嫌过简，且多有不确。我们这次重新做注，重点放在语典出处和历史典故的考订两方面。凡语典，必注明其文献出处，若为经书或子史类尤为知名且有古注的，亦详列古注之训诂。凡历史典故，必查证相关文献原始记载，对于能说明问题的原文，亦详加征引，并用白话文概括大意，以便于读者理解。因古诗文讲究辞藻，语词方面多似固定搭配的习用语。凡古诗文习用语，我们一般也特意指出，并适当举例。个别词语和典故，我们未查到出处，但旧注有笺释，我们照录旧注，并加以说明。因旧注出于明清人之手，有些文献，旧注作者或许见过，但后来失传了，我们无从得见。

考虑到《声律启蒙》一书的特殊性质，我们对该书原文中的所有入声字，用字下加黑点的方式加以标识。

笔者关注《声律启蒙》一书有年，并坚持用该书对青少年进行诗词格律启蒙教育，在字音方面，曾与曾少力、高松、黄慕严、张孝进诸君多有讨论，本书的整理注释工作，亦得到雏诵堂诸同仁田应壮、刘洁、李子琳诸君尤其是拙荆万希女史的帮助。在此一并致谢。

自知才疏学浅，难免贻笑方家。望大德诸君有以教我。

檀作文

戊戌仲秋于京西雏诵堂

卷上

上平声十五部

上平一东

【题解】

本篇共三段，皆为韵文。每段韵文，由若干句对仗的联语组成。每句皆押"平水韵"上平声"一东"韵。此后诸篇，体例同此。《声律启蒙》共三十篇，对应于"平水韵"的三十个平声韵部。

本篇每句句末的韵脚字，"风""空""虫""弓""东""宫""红""翁""同""童""穷""铜""通""融""虹"等，在传统诗韵（"平水韵"）里，都归属于上平声"一东"这个韵部（也就是说，在"平水韵"系统里，它们的韵母是一样的）。这些字，在普通话里，韵母大多是"ong"（也有个别是"eng"）；声调有读第一声的，有读第二声的。"平水韵"的平声，对应于普通话声调的阴平（第一声）和阳平（第二声）。"平分阴阳"，是中古音向近代音演变过程中出现的语音现象。

本篇每句，都是用对偶的修辞方法写成。对仗从短到长，有一字对、二字对、三字对、四字对、五字对、六字对、七字对、十字对、十一字对。四字（含四字）以上的长对，可按节奏拆分为多个二字对、三字对。

此后诸篇,体例同此。

以本篇第一段为例:"云对雨""雪对风",属于一字对。"晚照对晴空""来鸿对去燕""宿鸟对鸣虫""岭北对江东",属于二字对。"三尺剑,六钧弓",属于三字对。"人间清暑殿,天上广寒宫",属于五字对。"两岸晓烟杨柳绿,一园春雨杏花红",属于七字对。"两鬓风霜,途次早行之客;一蓑烟雨,溪边晚钓之翁",属于十字对。最后一个十字对,可以拆分为一个四字对加一个六字对:"两鬓风霜"与"一蓑烟雨"相对,属于四字对;"途次早行之客"与"溪边晚钓之翁"相对,属于六字对。五字对的"人间清暑殿,天上广寒宫",可以按节奏拆分成一个二字对加一个三字对:"人间"与"天上"相对,属于二字对;"清暑殿"与"广寒宫"相对,属于三字对。其余,可以类推。

作为古诗文常用修辞格的对偶,要求:字数相同,(节奏字)平仄相反,词性相类,词义相关。节奏字指拆分后的最小节奏单位(二字拍或三字拍)的后一个字。对偶的节奏字,在字音上必须平仄相反。以"人间清暑殿,天上广寒宫"这句为例:拆分后的二字拍,"人间"的"间"是平声字,"天上"的"上"是仄声字,平仄相反;拆分后的三字拍,"清暑殿"的"殿"是仄声字,"广寒宫"的"宫"是平声字,平仄相反。词性相类,即要求名词对名词,动词对动词,形容词对形容词。词义相关,即要求类型大抵一致,如"云对雨""雪对风",是天象对天象;"来鸿对去燕""宿鸟对鸣虫",是动物对动物;"三尺剑,六钧弓",是兵器对兵器;"清暑殿"对"广寒宫",是宫殿对宫殿。此外,对偶尚要求构词法相同。如"晚照对晴空",是形容词加名词的偏正结构相对。其余,可以类推。

需要注意的是,《声律启蒙》的字音是以"平水韵"为标准的。"平水韵"属于中古音系统。诵读《声律启蒙》时,需要注意古入声字和古今异读字两类现象。入声,是中古音四个声调种类之一,与"平""上""去"三个声调并列。其声短促,一发即收。入声,与上声、去声,同属于仄声。现代普通话里没有入声调,但很多方言里还保留了入声调。"入派三声",是中古音向近代音演变过程中出现的语音现象。中古入声,在普通话里分别读为阴平、阳平、上声和去声。这意味着,普通话里读任何一个声调的字,都有可能是古入声字。因此,我们判断《声律启蒙》一书的对偶是否成立,不能以该字的普通话读音为标准,而要看它在"平水韵"里是哪一个声调。譬如:本篇第二段的"沿对革","革"字今读阳平,按普通话字音,"革"和"沿"是平对平,不能成为对偶。但"革"字在中古音里是入声字,"革"对"沿"是仄对平。"沿对革",从声调上讲,对偶成立。《声律启蒙》中,这样的例子不胜枚举,诸君可依理类推。我们用字下加黑点的方式对《声律启蒙》原文所有入声字进行标识,诸君可以自检。

入声字之外,尚须注意古今异读现象。譬如本篇第二段的十字对"尘虑萦心,懒抚七弦绿绮;霜华满鬓,羞看百炼青铜"这句,从节奏拆分上,"羞看"与"懒抚"对偶。普通话字音,"看"读去声,与"抚"字是仄对仄,对偶不能成立。但在"平水韵"里,"看"字平、去两读(不别义),且以平声为首选,"看"对"抚"是平对仄,对偶可以成立。对于《声律启蒙》一书中的古今异读字,我们一般会在每篇"题解"部分专门提醒,诸君可以留意。

(一)

云对雨,雪对风。

晚照对晴空。

来鸿对去燕,宿鸟对鸣虫①。

三尺剑②,六钧弓③。

岭北对江东④。

人间清暑殿⑤,天上广寒宫⑥。

两岸晓烟杨柳绿⑦,一园春雨杏花红。

两鬓风霜,途次早行之客⑧;一蓑烟雨,溪边晚钓之翁。

【注释】

①宿(sù)鸟:归巢栖息的鸟。唐吴融《西陵夜居》:"林风移宿鸟,池雨定流萤。"

②三尺剑:古剑长三尺,故称剑为"三尺剑"。《史记·高祖本纪》:"吾以布衣提三尺剑取天下,此非天命乎?"

③六钧弓:指强弓。钧,古代重量单位,三十斤为一钧。六钧,一百八十斤。六钧弓,须用力六钧才能张满,较拉满普通弓费力,箭矢射程也更远。《左传·定公八年》:"士皆坐列,曰:'颜高之弓六钧。'皆取而传观之。"晋杜预注:"颜高,鲁人。三十斤为钧。六钧,百八十斤。古称重,故以为异强。"后因以"六钧弓"指强弓。

④岭北:特指五岭以北地区。今湖南、江西南部和广西、广东北部交界处的越城岭、都庞岭、萌渚岭、骑田岭、大庾岭,统称五岭。江东:指今安徽芜湖以下的长江下游南岸地区。因长江流至芜湖、南京之间,作西南、东北走向,故自秦汉以来,泛称长江此段南岸地区为"江东"。

⑤清暑殿:宫殿名。晋孝武帝时建。因盛夏时节常有清风,可以避暑,故以为名。《晋书·孝武帝纪》:"(太元)二十一年(396)春正月,造清暑殿。"晋孝武帝所建清暑殿,南朝诸帝沿用,乃一时宫殿之最,多见于文人诗赋歌咏。至于《宋史·儒林传》所载"上(按:理宗)初御清暑殿,(真)德秀因经筵侍上",此清暑殿则为南宋所建,非晋孝武帝时旧物。

⑥广寒宫:神话传说里月亮中的宫殿名。《锦绣万花谷》引汉东方朔《十洲记》:"冬至后,月养魄于广寒宫。"唐宋诗文,多以广寒宫代指月中仙宫。旧题柳宗元《龙城录·明皇梦游广寒宫》载唐玄

宗八月十五游月中,见一官府,名"广寒清虚之府"。

⑦晓烟:早晨的云雾。

⑧途次:旅途中的住宿处,亦指半路上。次,停留,引申为停留
　之处。

【译文】

云对雨,雪对风。

傍晚的夕阳对晴朗的天空。

飞回的大雁对离开的燕子,归巢的鸟儿对鸣叫的虫儿。

三尺长的宝剑对六钧重的强弓。

岭北地区对江东一带。

人间有凉爽的清暑殿,天上有寂寞的广寒宫。

河两岸晨雾缭绕,显得杨柳格外青绿;园子里春雨迷濛,衬得杏花
越发红艳。

饱经风霜、两鬓斑白的旅人,于清晨赶路;暮色降临,斜风细雨里,
身披蓑衣的老翁,在溪边垂钓。

(二)

沿对革①,异对同。

白叟对黄童②。

江风对海雾,牧子对渔翁。

颜巷陋③,阮途穷④。

冀北对辽东⑤。

池中濯足水⑥,门外打头风⑦。

梁帝讲经同泰寺⑧,汉皇置酒未央宫⑨。

尘虑萦心⑩,懒抚七弦绿绮⑪;霜华满鬓⑫,羞看百炼
青铜⑬。

【注释】

①沿：沿袭，因循。革：更改，改换。

②白叟（sǒu）：白发老翁。黄童：即黄口小儿，指幼儿。"黄口"一词，本指雏鸟。雏鸟的喙有一圈黄边，故以黄口喻指年龄幼小。

③颜巷陋：颜指颜回（前521—前481，一说前490），字子渊，春秋末期鲁国人。以德行著称，是孔子最得意的弟子，不幸早死，后世尊为"复圣"。《史记·仲尼弟子列传》记载颜回"少孔子三十岁"，又说"回年二十九，发尽白，蚤死"。有些学者据此推算颜回生于公元前521年，卒于公元前490年。但有些学者认为《史记》只是说颜回二十九岁头发全白，并非说他死于这一年，根据其他材料，推算颜回卒于公元前481年。孔子称赞他："一箪食，一瓢饮，在陋巷，人不堪其忧，回也不改其乐。贤哉，回也。"（见《论语·雍也》）。后人因以"颜巷陋"喻指生活困苦。

④阮（ruǎn）途穷：阮指晋代文人阮籍（210—263），字嗣宗，陈留尉氏（今河南尉氏）人。是名列"建安七子"之一的阮瑀之子。曾官步兵校尉，世称"阮步兵"。好《老》《庄》，纵酒谈玄，与嵇康齐名，为"竹林七贤"之一。工诗文，后人辑有《阮步兵集》。途，指道路。穷，穷尽，尽头。《晋书·阮籍传》云："（籍）时率意独驾，不由径路，车迹所穷，辄恸哭而反。"说阮籍常常独自驾车，任意乱驰，走到前面没路可走时，便痛哭返回。后人因以"阮途穷"喻指穷途末路。

⑤冀（jì）北：冀指冀州，古九州之一，包括今山西全省、河北西北部、河南北部、辽宁西部。冀北自古以产良马著名，借指人才荟萃之地。辽东：辽河以东的地区，即今辽宁省的东部和南部。

⑥濯（zhuó）足水：用来洗脚的水。濯，洗。《孟子·离娄上》："有孺子歌曰：'沧浪之水清兮，可以濯我缨；沧浪之水浊兮，可以濯我足。'"《楚辞·渔父》："渔父莞尔而笑，鼓枻而去，歌曰：'沧浪之

水清兮,可以濯吾缨;沧浪之水浊兮,可以濯吾足。'"孟子与屈原,同为战国时期人。可见这首歌,在战国时代广泛流传。

⑦打头风:逆风。唐白居易《小舫》:"黄柳影笼随棹月,白蘋香起打头风。"

⑧梁帝:指南朝梁武帝萧衍(464—549),字叔达,小字练儿,南兰陵(今江苏常州武进区)人。南朝梁的开国之君。仕齐为雍州刺史,镇守襄阳。齐末,皇室内乱,萧衍起兵入京,独揽大权,封梁王,后逼迫齐和帝萧宝融禅位,即位为帝,改国号梁。死于侯景之乱。在位四十八年,庙号高祖。同泰寺:寺名,在金陵(即今江苏南京)。梁武帝萧衍所建,今不存。一说即今鸡鸣寺。梁武帝笃信佛法,曾数度舍身同泰寺,并亲自在同泰寺宣讲佛法。

⑨汉皇:指汉高祖刘邦(前256?—前195),字季,沛郡丰邑(今江苏丰县)人。西汉王朝的建立者。秦末为泗水亭长。秦二世元年(前209),陈胜起义,刘邦起兵响应,称沛公。秦灭后,刘邦战胜项羽,即皇帝位,建立汉朝。未央宫:汉代长安宫殿名。刘邦曾在殿前置酒,大宴群臣。

⑩尘虑:指功名利禄等俗念。萦(yíng)心:缠绕心头。

⑪绿绮(qǐ):古代四大名琴之一。后泛指名琴。《太平御览·琴部》引晋傅玄《琴赋叙》:"齐桓公有鸣琴曰号钟,楚庄有鸣琴曰绕梁,中世司马相如有绿绮,蔡邕有焦尾,皆名器也。"

⑫霜华:霜花,借指白发。华,通"花"。

⑬百炼青铜:指精炼的铜镜。晋王嘉《拾遗记·方丈山》:"有池方百里,水浅可涉,泥色若金而味辛。以泥为器,可作舟矣。百炼可为金,色青,照鬼魅犹如石镜,魑魅不能藏形矣。"后人因称精炼的铜镜为"百炼镜"。唐白居易所作"新乐府辞"有《百炼镜》诗,曰:"百炼镜,镕范非常规。"

【译文】

沿袭对革新，迥异对雷同。

白发的老翁对黄口的小儿。

江边的风对海上的雾，放牧的孩童对打鱼的老翁。

颜回居住在陋巷，阮籍痛哭于穷途。

冀州北部对辽河以东。

池中清水可用来洗脚，门外逆风阻人远行。

梁武帝萧衍常于同泰寺和高僧讲经论佛，汉高祖刘邦曾在未央宫和群臣设宴欢饮。

俗事烦心，懒得弹七弦古琴；白发满鬓，不愿照青铜宝镜。

（三）

贫对富，塞对通①。

野叟对溪童②。

鬓皤对眉绿③，齿皓对唇红④。

天浩浩⑤，日融融⑥。

佩剑对弯弓⑦。

半溪流水绿，千树落花红。

野渡燕穿杨柳雨⑧，芳池鱼戏芰荷风⑨。

女子眉纤，额下现一弯新月⑩；男儿气壮，胸中吐万丈长虹⑪。

【注释】

①塞（sè）：堵塞。

②野叟：村野老人。古诗文习用语。唐杜荀鹤《乱后山居》："野叟并田锄暮雨，溪禽同石立寒烟。"溪童：溪边玩耍的孩童。宋司马

光《叠石溪二首》："野老相迎拜，溪童乍见惊。"

③鬓皤（pó）：两鬓斑白。皤，白色。古人多用"皤皤""皤然"形容老年人须发斑白的样子，亦代指年老。《说文解字》："皤，老人白也。"《汉书·叙传下》："营平皤皤，立功立论。"唐颜师古注："皤皤，白发貌也。"眉绿：指眉毛颜色好，呈青黑之色。唐宋诗词常用，如宋晏殊《红窗听》词"淡薄梳妆轻结束。天意与、脸红眉绿"，宋陆游《睡起》诗"洗面宫眉绿"。

④齿皓（hào）：牙齿洁白。皓，洁白。《楚辞·大招》："朱唇皓齿，嫭以姱只。"汉王逸章句："皓，白。嫭、姱，好貌也。言美人朱唇白齿，嫭眄美姿，仪状姱好可近，而亲侍左右也。"

⑤浩浩：形容广阔宏大的样子。《诗经·小雅·雨无正》："浩浩昊天，不骏其德。"唐孔颖达疏："浩浩然，广大之昊天。"《中庸》："浩浩其天。"宋朱子章句："浩浩，广大貌。"

⑥融融：形容日光和暖，明媚的样子。南朝宋鲍照《采桑》："蔼蔼雾满闺，融融景盈幕。"唐张籍《春日行》："春日融融池上暖，竹牙出土兰心短。"

⑦弯弓：挽弓，拉弓。汉贾谊《过秦论上》："胡人不敢南下而牧马，士不敢弯弓而报怨。"

⑧野渡：荒郊或村野的渡口。古诗文习用语。唐韦应物《滁州西涧》："春潮带雨晚来急，野渡无人舟自横。"

⑨芰（jì）荷：指菱叶与荷叶。芰，古书上指菱。一说两角为菱，四角为芰。《楚辞·离骚》："制芰荷以为衣兮，集芙蓉以为裳。"汉王逸章句："芰，菱也。秦人曰薢茩。荷，芙蕖也。"

⑩新月：古人诗文常以纤眉比喻新月，如唐齐己《湘妃庙》"新月如眉生阔水"；故亦可以新月喻女子纤眉，如唐李白《越女词》"长干吴儿女，眉目艳新月"，唐褚亮《咏花烛》"靥星临夜烛，眉月隐轻纱"。

⑪万丈长虹：形容壮士气盛，犹如万丈长虹。《文选·七上·（曹植）七启》："若夫田文、无忌之俦，乃上古之俊公子也。皆飞仁扬义，腾跃道艺。游心无方，抗志云际。凌铄诸侯，驱驰当世。挥袂则九野生风，慷慨则气成虹霓。"唐李善注引刘劭《赵郡赋》曰："煦气成虹霓，挥袖起风尘。"

【译文】

贫穷对富贵，阻塞对畅通。

村野老翁对溪边幼童。

斑白的鬓发对青黑的眉毛，牙齿洁白对口唇鲜红。

天空广阔无边，阳光和暖明媚。

佩带宝剑对双手挽弓。

小溪里流水绿得清澈见底，树林中落花红得凄艳动人。

野外的渡口烟雨迷濛，燕子在细柳碧杨中穿梭；开满荷花的池塘香风飘散，鱼儿在红花绿叶间嬉戏。

女子眉毛纤细，额头下像是生出一弯月牙儿；男儿志气雄壮，胸中仿佛可以吐出万丈长虹。

上平二冬

【题解】

本篇共三段，皆为韵文。每段韵文，由若干句对仗的联语组成。每句皆押"平水韵"上平声"二冬"韵。

本篇每句句末的韵脚字，"冬""钟""松""龙""蛩""蜂""雍""峰""浓""庸""春""茸""恭""镛""农""蓉""宗""慵"等，在传统诗韵（"平水韵"）里，都归属于上平声"二冬"这个韵部。这些字，在普通话里，韵母大多是"ong"（也有个别是"eng"）；声调有读第一声的，有读第二声的。需要注意的是："二冬"和"一东"这两个韵部的字，在普通话系统里韵母虽然没有区别，但在"平水韵"系统里，却属于两个不同的韵部，只能算邻韵。填词时可以通押,写近体诗时不可通押。

本篇第一段"春对夏,夏对冬"一句,通行本《声律启蒙撮要》作"春对夏,秋对冬",当是以四季之名作对。但"秋"和"冬"都是平声字,严格来讲,在声律方面,对仗是不能成立的。若以"夏"字替"秋",则"夏"对"冬",在声律方面,对仗可以成立。又,涂时相本《声律发蒙》卷一此句作"春对夏,夏对冬"。今据涂时相本,改"秋对冬"为"夏对冬"。

"观山对玩水"一句,"玩"字今读平声,和同是平声的"观"字,在声律上对偶不能成立;但在"平水韵"里,"玩"字读去声,"玩"和"观"是仄对平,对偶成立。

七字对"春日园中莺恰恰,秋天塞外雁雍雍"一句,"恰恰"对"雍雍",是叠字对叠字。叠字对叠字,是对仗的基本要求。

第二段三字对"花灼烁,草蒙茸"一句,"灼烁"对"蒙茸",是联绵字对联绵字。联绵字对联绵字,亦是对仗的基本要求。"灼烁"和"蒙茸",都是叠韵联绵字,且偏旁各自相同("灼烁"都是"火"字旁,蒙茸都是"草"字头)。

(一)

春对夏,夏对冬①。

暮鼓对晨钟②。

观山对玩水,绿竹对苍松。

冯妇虎③,叶公龙④。

舞蝶对鸣蛩⑤。

衔泥双紫燕⑥,课蜜几黄蜂⑦。

春日园中莺恰恰⑧,秋天塞外雁雍雍⑨。

秦岭云横⑩,迢递八千远路⑪;巫山雨洗⑫,嵯峨十二危峰^⑬。

【注释】

①此句,通行本《声律启蒙撮要》作"春对夏,秋对冬",当是以四季
之名作对,但"秋""冬"二字皆平声,不宜对仗。涂时相本,此句
作"春对夏,夏对冬",据改。

②暮鼓、晨钟:古代寺庙建有钟楼和鼓楼,用以报时。日出敲钟,日
落击鼓。后因以"晨钟暮鼓"谓时日推移,亦用以比喻令人警觉
的话语。语本唐李咸用《山中》:"朝钟暮鼓不到耳,明月孤云长
挂情。"宋陆游《短歌行》:"百年鼎鼎世共悲,晨钟暮鼓无休时。"

③冯妇虎:冯妇,春秋时晋国的大力士,善于打虎。后成为善士,不
再打虎。有一次众人打虎,老虎负隅顽抗,没有人敢上前搏斗。
冯妇乘车正好路过,众人就叫他来。冯妇于是捋袖下车,上前打
虎。冯妇因此被士人耻笑,认为他放弃了做善士的追求,重操旧
业。语本《孟子·尽心下》:"晋人有冯妇者,善搏虎,卒为善士。
则之野,有众逐虎。虎负嵎,莫之敢撄。望见冯妇,趋而迎之。
冯妇攘臂下车,众皆悦之。其为士者笑之。"

④叶公龙:叶公,春秋时期楚国人,他很喜欢龙,家里到处雕的、画
的都是龙。后来天上的真龙听说了,就从天而降想看个究竟,没
想到叶公见了真龙,竟吓得魂不附体,仓惶逃走。"叶公好龙"比
喻表面上爱好某事物,实际上并不是真正爱好。出自《新序·杂
事第五》:"子张见鲁哀公,七日而哀公不礼,托仆夫而去曰:'臣
闻君好士,故不远千里之外,犯霜露,冒尘垢,百舍重趼,不敢休
息以见君,七日而君不礼,君之好士也,有似叶公子高之好龙也。
叶公子高好龙,钩以写龙,凿以写龙,屋室雕文以写龙。于是夫
龙闻而下之,窥头于牖,拖尾于堂。叶公见之,弃而还走,失其魂
魄,五色无主。是叶公非好龙也,好夫似龙而非龙者也。今臣闻

君好士,不远千里之外以见君,七日不礼,君非好士也,好夫似士而非士者也。诗曰:"中心藏之,何日忘之。"敢托而去。'"

⑤蛩(qióng):蟋蟀。

⑥紫燕:燕名。也称"越燕"。体形小而多声,颔下紫色,营巢于门楣之上,分布于江南。唐顾况《悲歌》:"紫燕西飞欲寄书,白云何处逢来客。"

⑦课蜜:采蜜。古诗文习用语。宋周密《浣溪沙》:"花径日迟蜂课蜜,杏梁风软燕调雏。"

⑧恰恰:自然和谐的样子,形容莺叫声。唐杜甫《江畔独步寻花》之六:"留连戏蝶时时舞,自在娇莺恰恰啼。"

⑨雍雍(yōng):大雁相和的鸣叫声。《诗经·邶风·匏有苦叶》:"雍雍鸣雁,旭日始旦。"毛传:"雍雍,雁声和也。"

⑩秦岭:山名。又名秦山、终南山,位于今陕西省境内。

⑪迢(tiáo)递:遥远的样子。此句语本唐韩愈《左迁至蓝关示侄孙湘》:"一封朝奏九重天,夕贬潮州(一作'阳')路八千。欲为圣朝除弊事,肯将衰朽惜残年。云横秦岭家何在,雪拥蓝关马不前。知汝远来应有意,好收吾骨瘴江边。"

⑫巫山:山名。在今四川、湖北两省边境,北与大巴山相连,形如"巫"字,故名。长江穿流其中,形成三峡。

⑬嵯峨(cuó é):形容山势高峻的样子。《楚辞·(淮南小山)招隐士》:"山气茏苁兮石嵯峨,溪谷崭岩兮水曾波。"汉王逸章句:"嵯峨,巉岩,峻蔽日也。"十二危峰:巫山之上,群峰迭起,相传其中最著名的有十二峰。唐李端《巫山高》:"巫山十二峰,皆在碧虚中。"但峰名说法不一。据宋祝穆《方舆胜览》载十二峰为:望霞、翠屏、朝云、松峦、集仙、聚鹤、净坛、上升、起云、飞凤、登龙、圣泉。元刘壎《隐居通议·地理》据《蜀江图》则为:独秀、笔峰、集仙、起云、登龙、望霞、聚鹤、栖凤、翠屏、盘龙、松峦、仙

人。(参阅清顾祖禹《读史方舆纪要》卷六六。)危峰,高峻的山峰。古诗文习用语。南朝宋谢灵运《山居赋》:"傍危峰,立禅室,临浚流,列僧房。"

【译文】

春对夏,秋对冬。

黄昏的鼓声对清晨的钟鸣。

游览名山对赏玩溪水,翠绿色的竹子对苍青色的松树。

冯妇打虎,叶公好龙。

飞舞的蝴蝶对鸣叫的蟋蟀。

紫燕双双衔泥筑巢,黄蜂数只采花酿蜜。

春天的花园里黄莺"恰恰"欢唱,深秋的塞外大雁"雍雍"哀鸣。

高峻的秦岭,云遮雾罩,八千里山路绵延;秀美的巫山,雨过初晴,十二座高峰耸立。

(二)

明对暗,淡对浓。

上智对中庸①。

镜奁对衣笥②,野杵对村舂③。

花灼烁④,草蒙茸⑤。

九夏对三冬⑥。

台高名戏马⑦,斋小号蟠龙⑧。

手擘蟹螯从毕卓⑨,身披鹤氅自王恭⑩。

五老峰高⑪,秀插云霄如玉笔⑫;三姑石大⑬,响传风雨若金镛⑭。

【注释】

①上智：上等智慧（的人）。《论语·阳货》："子曰：'唯上知（智）与下愚不移。'"中庸（yōng）：指中等、平庸（的人）。《汉书·陈胜项籍传》："陈涉，瓮牖绳枢之子，甿隶之人，迁徙之徒也，材能不及中庸，非有仲尼、墨翟之知，陶朱、猗顿之富。"

②镜奁（lián）：镜匣，多用来放女子梳妆的用具。衣笥（sì）：盛放衣物的方形器具，多用竹子编成。

③杵（chǔ）：舂米的木棒。舂（chōng）：把粮食或药物放在石臼或乳钵里捣掉皮壳或捣碎。

④灼烁（zhuó shuò）：光彩明艳的样子。《古文苑·（宋玉）舞赋》："珠翠灼烁而照曜兮，华袿飞髾而杂纤罗。"宋章樵注："灼烁，鲜明貌。"汉蔡邕《弹棋赋》："荣华灼烁，萼不莘莘。"

⑤蒙茸：形容草木丛生、郁郁葱葱的样子。唐罗邺《芳草》："废苑墙南残雨中，似袍颜色正蒙茸。"

⑥九夏：指夏天。夏季三个月，有九旬（每旬十天），故称九夏。古诗文习用语。晋陶潜《荣木》诗序："日月推迁，已复九夏。"唐李世民《赋得夏首启节》："北阙三春晚，南荣九夏初。"三冬：指冬天。冬天三个月，故称三冬。唐杨炯《李舍人山亭诗序》："三冬事隙，五日归休。"

⑦戏马：台名，在彭城（今江苏徐州）。相传项羽曾在此处驰马游乐。《南齐书·志第一·礼上》："宋武为宋公，在彭城，九日出项羽戏马台。"

⑧蟠（pán）龙：指蟠龙斋，又名"盘龙斋"，初为东晋桓玄所建，后为刘毅所居。《晋书·刘毅传》："初，桓玄于南州起斋，悉画盘龙于其上，号为盘龙斋。毅小字盘龙，至是，遂居之。俄进拜卫将军、开府仪同三司。"

⑨擘（bò）：掰，剖开。蟹螯（áo）：螃蟹变形的第一对脚。状似钳，用

以取食或自卫。毕卓：生卒年不详，字茂世，新蔡（今安徽临泉）铜阳人。晋代名士。大兴（按：亦作"太兴"，晋元帝年号，起于318年，讫于321年）末年任吏部郎，酷爱喝酒，并因为醉酒而丢了官职，他曾经说：左手擘蟹螯，右手执酒杯，在酒池中拍浮，便可以终此一生。此句语本《世说新语·任诞》："毕茂世云：'一手持蟹螯，一手持酒杯。拍浮酒池中，便足了一生。'"

⑩鹤氅（chǎng）：用鸟的羽毛制成的外套。亦用来指称道袍。王恭（？—398）：字孝伯，太原晋阳（今山西太原晋源区）人。东晋孝武帝（司马曜）定皇后（王法慧）之兄。太元十五年（390），王恭以中书令都督青兖幽并冀五州诸军事，任前将军、兖青二州刺史，镇守京口（今江苏镇江）。晋孝武帝死，晋安帝（司马德宗）立，会稽王司马道子执政，宠信王国宝。隆安元年（397），王恭起兵讨王国宝，司马道子杀王国宝，王恭乃罢兵。次年，王恭以讨伐王愉、司马尚之兄弟为名，再次起兵，因部将刘牢之叛变，而兵败被杀。王恭相貌英俊，曾身披鹤氅，乘着车子从雪中经过，孟昶看见了，赞叹他如神仙一般。此句语本《世说新语·企羡》："孟昶未达时，家在京口。尝见王恭乘高舆，被鹤氅裘。于时微雪，昶于篱间窥之，叹曰：'此真神仙中人！'"

⑪五老峰：山峰名，不止一处。因五峰形如五位老人并肩耸立，故称。最著名的，在江西庐山。《太平御览》引《浔阳记》曰："庐山顶上有一池，水池中有三石雁，霜落则飞。山北有五老峰，于庐山最为峻极，横隐苍穹，积石岩巉，迥压彭蠡，其形势如河中虞乡县前五老之形，故名之。"唐李白《望庐山五老峰》："庐山东南五老峰，青天削出金芙蓉。九江秀色可揽结，吾将此地巢云松。"另，白岳（齐云山）亦有五老峰，明人尹台、胡应麟等有诗咏之。

⑫如玉笔：旧注引李青莲诗"五老峰为笔，洋澜作砚池"。今按，李白诗文集实无此二句，当为后人伪托。

⑬三姑石：山峰名，不止一处。因三峰并立，如三个妙龄女子，故名。据《初学记》《太平御览》等书记载，在今安徽黟县屏山村，《初学记·州郡部·江南道》引《舆地志》曰："黟县东有灵山，山有三峰，名为三姑山。三年一遇野火，自烧；百姓放火，辄降雨不燃。"《太平御览·地部十一·灵山》引《郡国志》曰："歙县有灵山，天欲雨，先闻鼓角声。此山上有圆石如车盖，县以鼓鸣为候，一鸣令迁，不鸣令不去。山一名三姑山，三年一野火，烧数未满，人烧之即雨。"又今福建武夷山、安徽齐云山皆有三姑峰，屡为宋明以来文人歌咏。又，今江西都昌境内有三姑山，俗称彭家嘴，离庐山不远。旧注引《地舆志》"南康有三姑石，响声若金镛"，都昌宋元时期属南康军（路）。以地理位置而言，若上联"五老峰"指庐山五老峰，则下联"三姑石"当指今都昌三姑山。但明人尹台、胡应麟等游白岳（齐云山）诗，亦以"五老""三姑"对举。且尹台于其诗"帝敕三姑辞宝辇，仙招五老戏瑶屏"联下，自注云："五老、三姑、宝辇，皆峰名。"则本篇之"五老峰""三姑石"亦可指齐云山诸峰。另，庐山近处长江中有大姑（孤）山、小姑（孤）山、彭郎矶及石钟山，石钟山得名与"金镛"相关。诸山实为江中矶石，因大而称山。《声律启蒙》作者将三姑山之名，石钟山声如洪钟之传说，庐山脚下大姑、小姑、彭郎山之江景，附会捏合于一处，而为此联，亦未可知。

⑭金镛（yōng）：青铜铸造的大钟。宋苏轼《石钟山记》："《水经》云：'彭蠡之口有石钟山焉。'郦元以为下临深潭，微风鼓浪，水石相搏，声如洪钟。"

【译文】

明亮对昏暗，淡薄对浓厚。

聪明绝顶对凡俗平庸。

镜匣对衣箱，郊野捣米杵对荒村舂米臼。

鲜花娇艳夺目,绿草郁郁葱葱。

炎夏对寒冬。

高高的台子名叫戏马,小小的书斋号称蟠龙。

好酒成性的毕卓,手持蟹螯、逍遥自在;风流儒雅的王恭,身披鹤氅、雪中乘车。

高耸的五老峰,如数支玉笔一样直插云霄;阔大的三姑石,在风雨中传出洪钟般的声音。

（三）

仁对义,让对恭。

禹、舜对羲、农①。

雪花对云叶②,芍药对芙蓉③。

陈后主④,汉中宗⑤。

绣虎对雕龙⑥。

柳塘风淡淡,花圃月浓浓⑦。

春日正宜朝看蝶,秋风那更夜闻蛩⑧。

战士邀功,必借干戈成勇武⑨;逸民适志⑩,须凭诗酒养疏慵⑪。

【注释】

①禹(yǔ):即夏禹,是夏代开国君主。据《史记·夏本纪》,禹名文命,是黄帝之玄孙、帝颛顼之孙,因治理洪水有功,受舜帝禅让而为天子。世称为"大禹"。舜(shùn):即虞舜。据《史记·五帝本纪》,舜名重华,二十岁即以孝顺闻名于天下,三十岁时被尧帝从民间选拔重用,五十岁时摄行天子事,后受尧帝禅让,六十一岁即位为天子。即位三十九年,南巡,崩于苍梧之野。羲(xī)、

农：指伏羲氏和神农氏，都是传说中上古时期贤明的君主。相传伏羲氏始画八卦，教民渔猎；神农氏曾尝百草，教民稼穑。

②云叶：云片，云朵。古诗文习用语。南朝陈张正见《初春赋得池应教》："春光落云叶，花影发晴枝。"

③芍（sháo）药：多年生草本植物。五月开花，花大而美，供观赏，根可入药。《诗经·郑风·溱洧》："维士与女，伊其相谑，赠之以勺药。"勺药即"芍药"。后因以"芍药"表示男女爱慕之情。芙蓉：莲花的别名。战国屈原《离骚》："制芰荷以为衣兮，集芙蓉以为裳。"汉王逸章句："芙蓉，莲花也。"宋洪兴祖补注："《尔雅》曰：荷，芙蕖。注云：别名芙蓉。《本草》云：其叶名荷，其华未发为菡萏，已发为芙蓉。"芍药对芙蓉，是联绵字对联绵字。

④陈后主：指南朝陈国最后一位皇帝陈叔宝（553—604），字元秀，小字黄奴，吴兴长城（今浙江长兴）人。陈宣帝陈顼长子。582—589年在位，奢侈荒淫，不理国政，为隋所灭。国亡被俘，后病死于洛阳。曾作《玉树后庭花》等艳体诗，是中国历史上著名的昏君。事见《陈书·后主本纪》。

⑤汉中宗：指西汉宣帝刘询（前91—前49），原名刘病已，汉武帝刘彻曾孙，戾太子刘据之孙，史皇孙刘进之子，西汉第十位皇帝，前74—前49在位，凡二十五年。谥号孝宣皇帝，庙号中宗。在位期间，国泰民安，史称"宣帝中兴"。事见《汉书·宣帝纪》。

⑥绣虎：指三国时期魏国陈思王曹植。《类说》引《玉箱杂记》："曹植七步成章，号绣虎。"绣，谓其词华隽美。虎，谓其才气雄杰。后遂以"绣虎"称擅长诗文、辞藻华丽者。雕龙：战国时期齐国人驺奭富于文辞，人们称他"雕龙"。《史记·孟子荀卿列传》："驺衍之术迂大而闳辩；奭也文具难施；淳于髡久与处，时有得善言。故齐人颂曰：'谈天衍，雕龙奭，炙毂过髡。'"南朝宋裴骃集解引汉刘向《别录》曰："驺衍之所言五德终始，天地广大，尽言天事，

故曰'谈天'。驺奭修衍之文，饰若雕镂龙文，故曰'雕龙'。"

⑦花圃（pǔ）：种植花草的园子。

⑧那（nǎ）更：况又、再加上之意。更，又，再。张相《诗词曲语辞汇释》："那更，犹云况更也；兼之也。"蛩（qióng）：蟋蟀的别名。

⑨干戈：泛指兵器，也代指战争、战乱。干，即盾，防御性兵器，主要用来抵挡刀箭。戈，进攻的兵器，横刃，用青铜或铁制成，装有长柄。

⑩逸民：指遁世隐居的人。《论语·微子》："逸民：伯夷、叔齐、虞仲、夷逸、朱张、柳下惠、少连。"魏何晏集解："逸民者，节行超逸也。"宋朱子集注："逸，遗逸。民者，无位之称。"适志：指遵从自己的内心，过舒适自得的生活。《庄子·齐物论》："昔者庄周梦为胡蝶，栩栩然胡蝶也，自喻适志与。"晋郭象注："自快得意，悦豫而行。"

⑪疏慵（yōng）：懒散。唐白居易《晓寝》："莫强疏慵性，须安老大身。"

【译文】

仁德对义气，谦让对恭敬。

夏禹、虞舜对伏羲、神农。

雪花对云朵，芍药对芙蓉。

陈后主对汉中宗。

号称绣虎的曹植对被称为雕龙的驺奭。

清风吹过柳塘，非常柔和；月光笼罩花圃，十分明亮。

春光明媚，正适合清晨观赏蝴蝶飞舞；秋风萧瑟，哪堪晚上又听到蟋蟀哀鸣。

战士建功立业，要凭借战争来展现勇猛威武；隐士实现心愿，需要在品诗饮酒中培养疏朗散淡的气象。

上平三江

【题解】

本篇共三段,皆为韵文。每段韵文,由若干句对仗的联语组成。每句皆押"平水韵"上平声"三江"韵。

本篇每句句末的韵脚字,"窗""江""釭""幢""缸""邦""逄""淙""撞""双""摐"等,在传统诗韵("平水韵")里,都归属于上平声"三江"这个韵部。这些字,在普通话里,韵母大多含"ang"("淙"字,普通话里只有一个平声音,读cóng。但在"平水韵"系统里,却有三个音,分属于冬、江、绛三个韵,但不别义。本篇之"淙",若按叶韵读,则音cáng),介音(韵头)有的是"i",有的是"u";声调多数读第一声或第二声。按:"碧油幢"的"幢"字是多音字,有平、去二读。《王力古汉语字典》等工具书认为"幢"字:指"张挂于舟车上的帷幕"时,念去声zhuàng;指"作仪仗用的以羽毛为饰的旗帜"时,念平声chuáng。但唐诗实际用例,"碧油幢"的"幢",从来都是读作平声。《佩文韵府》亦将"碧油幢"词条,列于平声江韵"幢"字下,而非去声绛韵"幢"字下。故,笔者主张"碧油幢"之"幢"念平声chuáng。"钟撞"之"撞"字,今读去声,音zhuàng;在"平水韵"系统里,该字既可读仄声(属绛韵),亦可读平声(属江韵),不别义。"撞"字在本篇读平声,音chuáng。

需要注意的是:普通话"ang"韵母的字,并不都属于"平水韵"上平声"三江"韵;更多的属于下平声"七阳"韵。"三江"和"七阳"属于邻韵,填词时可以通押,写近体诗时不可通押。"三江"韵字少,是窄韵;"七阳"韵字多,是宽韵。

本篇"宝剑对金缸""宿火对寒缸"之"缸"字,或作"釭"。按:"缸""釭"二字可通用。"缸"非"水缸"之缸。金缸(金釭),指古代宫殿壁间横木上的饰物。寒缸(寒釭),指寒灯。明清人颇喜用"金缸"代"金釭"。

本篇第二段的"道旁系颈子婴降",通行本《声律启蒙撮要》作"道旁系剑子婴降",将季札"系剑"和子婴"系颈"两个典故用混了。且明涂时相本此句作"道旁系颈子婴降",故我们径改"系剑"为"系颈"。

（一）

楼对阁,户对窗①。

巨海对长江。

蓉裳对蕙帐②,玉斝对银釭③。

青布幔④,碧油幢⑤。

宝剑对金缸⑥。

忠心安社稷⑦,利口覆家邦⑧。

世祖中兴延马武⑨,桀王失道杀龙逢⑩。

秋雨潇潇⑪,漫烂黄花都满径⑫;春风袅袅⑬,扶疏绿竹正盈窗⑭。

【注释】

①户:门。《说文解字》:"半门曰户。"户的本义是半边门,亦泛指门。

②蓉裳(cháng):用芙蓉制成的下衣。战国屈原《离骚》:"制芰荷以为衣兮,集芙蓉以为裳。"宋朱子集注:"比也。……言被服益洁,修善益明也。"后用以借喻君子品行高洁。蕙(huì)帐:用香草编成的帷帐。古诗文习用语。南朝齐孔稚珪《北山移文》:"蕙帐空兮夜鹤怨,山人去兮晓猿惊。"后用以借指隐士的居室。蕙,一名薰草,是一种芳香植物,与兰并称。

③玉斝(jiǎ):玉制的酒器,圆口,有三足。后多用作酒杯的美称。古诗文习用语。《文选·(刘孝标)广绝交论》:"分雁鹜之稻粱,沾玉斝之余沥。"唐李善注引《说文》:"斝,玉爵也。"银釭(gāng):

银白色的灯盏、烛台。古诗文习用语。宋晏几道《鹧鸪天》："今宵剩把银釭照，犹恐相逢是梦中。"

④幔（màn）：布帛制成，遮蔽门窗的帘子。

⑤碧油幢（chuáng）：青绿色的油布车帷。南齐时公主所用，唐以后御史及其他大臣多用之。《南齐书·舆服志》："自辇以下，二宫御车，皆绿油幢，绛系络。御所乘，双栋。其公主则碧油幢云。"《隋书·礼仪志五》："乌漆轮毂黄金雕装，上加青油幢。"唐方干《上越州杨岩中丞》："试把十年辛苦志，问津同拜碧油幢。""幢"字是多音字，有平、去二读。古汉语研究界（以《王力古汉语字典》为代表）以《广韵》《集韵》为根据，认为"幢"字：指"张挂于舟车上的帷幕"时，念去声（zhuàng）；指"作仪仗用的以羽毛为饰的旗帜"时，念平声（chuáng）。此处虽是车帘之意，却借 chuáng 音。因此，有人认为此处"碧油幢"对"青布幔"，和下文的"盖对幢"，皆是"借对"中的"借音对"（汉字往往一字多义，又有多音字。对仗中有一个修辞格，是通过借义或借音的手段来达成对仗的，传统称之为"借对"或"假对"）。但从格律诗的实际用例来看，并非如此。唐诗中"碧油幢"的"幢"，从来都是读作平声。如唐张仲素《塞下曲五首》其二："猎马千行（一作"群"）雁几双，燕然山下碧油幢。传声漠北单于破，火照旄旗夜受降。"《佩文韵府》亦将"碧油幢"词条，列于平声江韵"幢"字下，而非去声绛韵"幢"字下。故，笔者主张"碧油幢"之"幢"念平声（chuáng），不取"借对"之说。

⑥金釭：又作"金釭"，古代宫殿壁间横木上的饰物。汉班固《西都赋》："金釭衔璧，是为列钱。"《汉书·外戚传下·孝成赵皇后》："壁带往往为黄金釭，函蓝田璧。"唐颜师古注："服虔曰：'釭，壁中之横带也。'晋灼曰：'以金环饰之也。'师古曰：'壁带，壁之横木露出如带者也。于壁带之中，往往以金为釭，若车釭之形也。

其釭中着玉璧、明珠、翠羽耳。"《初学记·居处部·墙壁第十一》引之,作"壁带往往为黄金釭"。唐崔国辅《白纻辞》:"壁带金釭皆翡翠,一朝零落变成空。"明清人颇喜用"金缸"代"金釭",如明张宁《和孙廷珍侍御短檠歌》:"中庭烧檠多更长,金缸列钱绕屋光。"明杨慎《楚妃引》:"金缸衔壁随珠烛,美人如月嬉华屋。"又,金缸,或"金釭",亦指金色的灯盏、烛台。《文选·(谢庄)宋孝武宣贵妃诔》:"庭树惊兮中帷响,金釭暖兮玉座寒。"唐刘良注:"金釭,谓金盏置灯也。"唐温庭筠《咏寒宵》:"委坠金釭(一作'缸')烬,阑珊玉局棋。"因前文已有"釭"字作韵脚,为避免重复,故此处用"缸"而不用"釭"。

⑦社稷(jì):代指国家。社为土神,稷为谷神,传统中国以农为本,故以社稷代指国家。《孟子·尽心上》:"有安社稷臣者,以安社稷为悦者也。"宋朱子集注:"言大臣之计安社稷,如小人之务悦其君,眷眷于此而不忘也。"

⑧利口覆家邦:指相信奸佞之人,会使国家败亡。语出《论语·阳货》:"子曰:'恶紫之夺朱也,恶郑声之乱雅乐也,恶利口之覆家邦者。'"宋朱子集注:"利口,捷给。覆,倾败也。"利口,指能言善辩的奸佞之人。

⑨世祖:指东汉光武帝刘秀(前6—57),字文叔,南阳蔡阳(今湖北枣阳)人。刘邦九世孙。新莽地皇三年(22)起兵,更始三年(25)称帝,建立东汉政权。庙号世祖,谥光武帝。因其恢复汉室,被称为中兴之主。事见《后汉书·光武帝纪》。中兴:中途振兴,转衰为盛。特指恢复并非由本人失去的帝位。宋陆游《南唐书·萧俨传》:"俨独建言:'帝王,已失之,已得之,谓之反正;非己失之,自己复之,谓之中兴。'"延:邀请任用。马武(?—61):字子张,南阳湖阳(今河南唐河)人。东汉开国功臣,汉光武帝"云台二十八将"之一。王莽末年加入绿林军;刘玄更始时,任侍郎,从

刘秀破王寻等，拜振威将军。后归刘秀，常为先锋。刘秀即位，马武任侍中、骑都尉，与盖延、耿弇等击刘永、庞萌、隗嚣，以功封杨虚侯。明帝初，拜捕虏将军，破西羌。永平四年（61）卒。

⑩桀（jié）王：指夏朝末代亡国之君夏桀，名履癸。暴虐荒淫。汤起兵伐桀，败之于鸣条，流死于南巢。事见《史记·夏本纪》。龙逄（páng）：即关龙逄，夏末忠臣，因敢于直言进谏，为桀忌恨，后被桀囚禁杀害。

⑪潇潇（xiāo）：风雨急骤貌。语本《诗经·郑风·风雨》："风雨潇潇，鸡鸣胶胶。"毛传："潇潇，暴疾也。"亦形容凄清、冷寂貌。唐刘长卿《石梁湖有寄》："潇潇清秋暮，袅袅凉风发。"

⑫漫烂：联绵词，亦可写作"烂漫"，形容山花鲜明灿烂的样子。黄花：此处特指菊花。

⑬袅袅（niǎo）：微风吹拂貌。《楚辞·九歌·湘夫人》："袅袅兮秋风，洞庭波兮木叶下。"宋苏轼《海棠》："东风袅袅泛崇光，香雾霏霏月转廊。"

⑭扶疏：联绵词，形容枝叶繁茂纷披的样子。

【译文】

楼对阁，门对窗。

浩瀚无边的大海对奔流不息的长江。

荷花制成的衣裳对香草编制的帷帐，玉制的酒器对银制的灯盏。

青黑的织布帐幕对碧绿的油布车帘。

锋利的宝剑对耀眼的金缸。

大臣忠心耿耿可保社稷安宁，小人巧言令色能使国家颠覆。

汉代的中兴世祖刘秀重任大将马武，夏朝的残暴君王桀杀害忠臣关龙逄。

秋雨潇潇，菊花明媚灿烂，开满小径；春风袅袅，翠竹叶茂枝繁，遮蔽门窗。

（二）

旌对旆^①，盖对幢^②。

故国对他邦。

千山对万水，九泽对三江^③。

山岌岌^④，水淙淙^⑤。

鼓振对钟撞^⑥。

清风生酒舍，白月照书窗。

阵上倒戈辛纣战^⑦，道旁系颈子婴降^⑧。

夏日池塘，出没浴波鸥对对；春风帘幕，往来营垒燕双双^⑨。

【注释】

① 旌（jīng）：古代的一种旗子，旗杆顶上用五色羽毛做装饰。旆（pèi）：古代旗帜末端形如燕尾的垂旒飘带，也泛指旗子。

② 盖：车盖，古代车上遮雨蔽日的篷。状如伞，有柄。幢（chuáng）：张挂于舟车上的油布帷幕。《隋书·礼仪志五》："王公加礼者，给油幢络车，驾牛。"

③ 九泽：古代九大湖泊，说法不一。《尔雅·释地》提到"十薮"："鲁有大野，晋有大陆，秦有杨陓，宋有孟诸，楚有云梦，吴越之间有具区，齐有海隅，燕有昭余祁，郑有圃田，周有焦护。"《周礼·夏官·职方式》提到九州泽薮：扬州有具区，荆州有云梦，豫州有圃田，青州有望诸，兖州有大野，雍州有弦蒲，幽州有貕养，冀州有杨纡，并州有昭余祁。《吕氏春秋·有始览》："何谓九薮？吴之具区，楚之云梦，秦之阳华，晋之大陆，梁之圃田，宋之孟诸，齐之海隅，赵之钜鹿，燕之大昭。"九泽亦可泛指九州湖泊。《尚书·禹

贡》："九山刊旅，九川涤源，九泽既陂。"伪孔传释"九泽"为"九州之泽"。九泽亦可特指北方的湖泊。《淮南子·时则训》："北方之极，自九泽穷夏晦之极，北至令正之谷。"汉高诱注："九泽，北方之泽。夏，大也。晦，暝也。"三江：三条河流的并称。具体是哪三条，说法不一。《尚书·禹贡》："三江既入，震泽底定。"唐陆德明《经典释文》："韦昭云：'谓吴松江、钱唐江、浦阳江也。'《吴地记》云：'松江东北行七十里，得三江口，东北入海为娄江，东南入海为东江，并松江为三江。'"

④岌岌（jí）：形容高耸的样子。战国屈原《离骚》："高余冠之岌岌兮，长余佩之陆离。"汉王逸章句："岌岌，高貌。"

⑤淙淙（cóng）：象声词，形容水流的声音。晋陶潜《祭从弟敬远文》："淙淙悬溜，暧暧荒林。""淙"字，普通话里只有一个平声音，读 cóng。但在"平水韵"系统里，却有三个音，分属于冬、江、绛三个韵，但不别义。此处，若按叶韵读，则音 cáng。

⑥鼓振：击鼓声。振，敲鼓。钟撞：撞钟声。撞，今读去声，音 zhuàng；在诗韵（"平水韵"）系统里，既可读仄声（属绛韵），亦可读平声（属江韵），不别义。"撞"字在此处读平声，音 chuáng。

⑦倒戈：倒转武器向己方进攻，指叛变。《尚书·武成》："前徒倒戈，攻于后以北，血流漂杵。"辛纣（zhòu）：即商代最后一个君主帝辛。《史记·殷本纪》："帝乙崩，子辛立，是为帝辛。天下谓之纣。"商纣王因行暴政，被周武王所伐灭。据《尚书·武成》篇，武王伐纣，战于牧野，商纣王的前军临阵倒戈叛变，商军大败。

⑧系（jì）颈：通行本《声律启蒙撮要》皆作"系剑"，实误。据文义，当作"系颈"。且明涂时相本作"系颈"。《声律启蒙》的编者（或刊刻者）或许觉得"系剑"与"倒戈"为工对，才改"系颈"为"系剑"。但从语典来看，"系剑"显然是错的。"系剑"语出《史记·吴

太伯世家》："季札之初使，北过徐君。徐君好季札剑，口弗敢言。季札心知之，为使上国，未献。还至徐，徐君已死，于是乃解其宝剑，系之徐君冢树而去。""系颈"语出《史记·秦始皇本纪》："子婴为秦王四十六日，楚将沛公破秦军入武关，遂至霸上，使人约降子婴。子婴即系颈以组，白马素车，奉天子玺符，降轵道旁。"南朝宋裴骃集解引汉应劭曰："系颈者，言欲自杀也。""系颈以组，白马素车，奉天子玺符，降轵道旁"，是天子投降仪式。系颈以组，指把丝绳套在颈上，表示伏罪投降。子婴（？—前206）：秦始皇长子扶苏之子。赵高杀秦二世，立子婴为王，去帝号。子婴杀赵高。在位四十六天，刘邦兵至霸上，子婴投降。后为项羽所杀。

⑨营垒（lěi）：此处指燕子筑巢。营，营造。垒，本为古代军中作防守用的墙壁，此处指燕巢。宋王炎《陪留宰游灌溪回饮县圃六绝》其一："泥融紫燕欲营垒，日暖黄蜂争取花。"

【译文】

旌旗对旆旗，车盖对车帷。

故乡对异邦。

千山对万水，九泽对三江。

山峰高耸，水流悦耳。

击鼓声对敲钟声。

清风吹拂酒舍，明月映照书窗。

商纣王的士兵在战场上，倒转武器起义；秦王子婴将绳套在颈上，在道边向汉军投降。

夏天的池塘，成对的鸥鸟出没水中，洗澡嬉戏；春风吹动帘幕，成双的燕儿来往穿梭，忙于筑巢。

（三）

铢对两①，只对双。

华岳对湘江②。

朝车对禁鼓③，宿火对寒缸④。

青琐闼⑤，碧纱窗⑥。

汉社对周邦⑦。

笙箫鸣细细⑧，钟鼓响拟拟⑨。

主簿栖鸾名有览⑩，治中展骥姓惟庞⑪。

苏武牧羊，雪屡餐于北海⑫；庄周活鲋，水必决于西江⑬。

【注释】

①铢（zhū）、两：古代重量单位。二十四铢为一两。铢、两比喻极轻
　微的分量。

②华岳：即西岳华山。位于陕西华阴渭河盆地南，为五岳中的西
　岳，因突起突落形如莲花，故称为"华山"。湘江：为湖南省四大
　河流之一。经零陵、衡阳，合潇水、蒸水，北流经长沙注入洞
　庭湖。

③朝（cháo）车：古代君臣行朝夕礼及宴饮时出入用车。《礼
　记·玉藻》："君羔幦虎犆；大夫齐车鹿幦豹犆，朝车；士齐车鹿幦
　豹犆。"汉郑玄注："臣之朝车与齐车同饰。"《吕氏春秋·赞能》：
　"（管仲）至齐境，桓公使人以朝车迎之。"《后汉书·舆服志上》：
　"公、列侯、中二千石、二千石夫人，会朝若蚕，各乘其夫之安车，右
　騑，加交络帷裳，皆皂。非公会，不得乘朝车，得乘漆布辎伣车，铜
　五末。"唐于濆《古宴曲》："雉扇合蓬莱，朝车回紫陌。"禁（jìn）
　鼓：设置在宫城谯楼上报时的鼓。禁，指帝王所居之地。《续资治
　通鉴·宋真宗咸平五年》："（谢）德权因条上衢巷广袤及禁鼓昏
　晓，皆复长安旧制。"

④宿（sù）火：隔夜未熄的火。古诗文习用语。唐韦应物《郡斋卧疾

绝句》:"香炉宿火灭,兰灯宵影微。"寒缸:亦作"寒钉",指寒灯。古诗文习用语。唐白居易《不睡》:"焰短寒钉尽,声长晓漏迟。"

⑤青琐(suǒ)闼(tà):宫门。借指皇宫、朝廷。南朝梁范云《古意赠王中书》:"摄官青琐闼,遥望凤凰池。"亦指富贵人家的门窗。青琐,原指装饰皇宫门窗的青色连环花纹。后借指宫廷,泛指豪华富丽的房屋建筑。亦指刻镂成格的窗户。《汉书·元后传》:"曲阳侯根骄奢僭上,赤墀青琐。"唐颜师古注引孟康曰:"以青画户边镂中",并申之曰:"青琐者,刻为连环文,而青涂之也。"闼,小门。

⑥碧纱窗:装有绿色薄纱的窗。唐白居易《伤春词》:"深浅檐花千万枝,碧纱窗外啭黄鹂。残妆含泪下帘坐,尽日伤春春不知。"

⑦汉社:指汉朝。社,土地神,也指祭土神的地方,历代王朝建国必先立社坛,消灭别国也先毁其社坛,因此,社也是国家政权的标志。周邦:指周朝。邦,泛指国家,亦指古代诸侯的封国。《尚书·武成》:"惟先王建邦启土。"

⑧笙(shēng)箫(xiāo):笙和箫,泛指管乐器。笙,一般用十三根长短不同的竹管制成。《说文解字》:"笙,十三簧,象凤之身也。"

⑨钟鼓:钟和鼓,古代礼乐器。《诗经·周南·关雎》:"窈窕淑女,钟鼓乐之。"拟拟(chuāng):象声词,形容钟鼓玉石撞击发出的声音。

⑩主簿(bù)栖鸾(luán):语出《后汉书·循吏列传》:"枳棘非鸾凤所栖,百里岂大贤之路?今日太学曳长裾,飞名誉,皆主簿后耳。"主簿,古代官名,汉代中央及郡县官署多置之。其职责为主管文书,办理事务。至魏晋时渐为将帅重臣的主要僚属,参与机要,总领府事。此后各中央官署及州县虽仍置主簿,但任职渐轻。鸾,传说凤凰一类的神鸟。览:指仇览,一名香,字季智,陈留考城(今河南兰考)人。仇览胸怀大志,曾在考城令王涣署中做主簿,王涣治民严厉,认为他少鹰鹯之志,他则主张以德化人

宽厚治民，认为做鹰鹯，不若鸾凤。王涣勉励他说："荆棘丛可不是鸾凤栖身之地啊，你这样的贤人在小县做主簿太屈才了。"并将自己一个月的俸禄送给他做盘缠，送他到太学读书。

⑪治中展骥（jì）：语出《三国志·蜀书·庞统传》："先主领荆州，统以从事守耒阳令，在县不治，免官。吴将鲁肃遗先主书曰：'庞士元非百里才也，使处治中、别驾之任，始当展其骥足耳。'"治中，古代官名。为州刺史的助理，主管文书档案。骥，良马。庞：指庞统（179—214），字士元，襄阳（今属湖北）人。与诸葛亮齐名，号为"凤雏"。刘备得荆州，任命他做耒阳令，因政绩差而免官。诸葛亮、鲁肃盛赞其才，刘备升他做治中从事，与诸葛亮并为军师中郎将。后从备入蜀，取刘璋，围攻雒城时，中流矢而卒。

⑫"苏武牧羊"二句：语本《汉书·李广苏建传》："单于愈益欲降之，乃幽武置大窖中，绝不饮食。天雨雪，武卧啮雪与旃毛并咽之，数日不死。匈奴以为神，乃徙武北海上无人处，使牧羝，羝乳乃得归。别其官署常惠等，各置他所。武既至海上，廪食不至，掘野鼠去草实而食之。杖汉节牧羊，卧起操持，节旄尽落。"苏武（前140？—前60），字子卿，京兆杜陵（今陕西西安）人。代郡太守苏建之子。汉武帝天汉元年（前100），苏武奉命持节出使匈奴，被扣留；居匈奴十九年而不肯降，杖汉节牧羊于北海之滨。汉昭帝始元六年（前81），苏武获释回朝，官拜典属国。汉宣帝神爵二年（前60），病卒，年八十余。甘露三年（前51），汉宣帝命人画苏武像于麒麟阁，以表彰其功德。北海，即今俄罗斯贝加尔湖。

⑬"庄周活鲋（fù）"二句：语本《庄子·外物》："庄周家贫，故往贷粟于监河侯。监河侯曰：'诺。我将得邑金，将贷子三百金，可乎？'庄周忿然作色曰：'周昨来，有中道而呼者，周顾视车辙中，有鲋鱼焉。周问之曰："鲋鱼来！子何为者邪？"对曰："我，东海之波

臣也。君岂有斗升之水而活我哉?"周曰:"诺。我且南游吴越之王,激西江之水而迎子,可乎?"鲋鱼忿然作色曰:"吾失我常与,我无所处,吾得斗升之水然活耳,君乃言此,曾不如早索我于枯鱼之肆。'"大意为,庄子家贫,向监河侯借贷,没想到监河侯却对他说,等我收到税金后,借给你三百金。庄周因此很生气,说,昨天我在来的路上,听到车辙下的小坑洼里有一条鲫鱼在呼救。它说它是从东海而来,希望我能拿斗升之水救救它。我对它说,好吧,我将去游说吴王、越王,让他们引西江的水救你。鲫鱼很生气,说,那你倒不如早点到干鱼市场去找我。庄周(约前369—前286,一说约前368—前268),即庄子,战国时宋国蒙人。与孟子年代相去不远,尝为漆园吏。是继老子之后的道家思想代表人物。所著《庄子》一书,主张逍遥无为、安时处顺,倡导齐物我、一是非,影响极大,被道家学派尊为《南华经》。鲋,即鲫鱼。西江,古人多称长江中下游为西江。唐李白《夜泊牛渚怀古》:"牛渚西江夜,青天无片云。"唐元稹《相忆泪》:"西江流水到江州,闻道分成九道流。"

【译文】

铢对两,单对双。

华山对湘江。

君臣朝会所坐的车对宫城报时敲的鼓,隔夜的火对闪着寒光的灯。

宫门上刻有青色连环的花纹,窗户上糊着绿色透明的薄纱。

汉家社稷对周朝邦国。

笙箫相和,异常清细;钟鼓齐鸣,何等雄壮。

东汉仇览即便做主簿这类小官,也像栖息的凤凰一样胸怀大志;三国庞统只有做治中一类的高官,才能施展出他千里马般的才华。

苏武被困匈奴放羊,经常吞吃北海的冰雪来充饥;庄周要救困在车辙里的鲫鱼,必须决堤引西江的大水。

上平四支

【题解】

　　本篇共三段，皆为韵文。每段韵文，由若干句对仗的联语组成。每句皆押"平水韵"上平声"四支"韵。

　　本篇每句句末的韵脚字，"诗""儿""丝""夔""鹭""蘼""时""碑""迟""棋""锥""罴""璃""葵""移""旗""鹏""眉""吹""龟"等，在传统诗韵（"平水韵"）里，都归属于上平声"四支"这个韵部。这些字，在普通话里，韵母大多含"i"（"儿"字今音 ér，但中古音里并没有拟音为 ér 的韵母，"儿"字在"四支"韵，按叶韵音，应读 ní。作为姓仍读 ní，一般写作"兒"。汉代名人，即有兒宽。"倪"字，今音 ní，其声符即"兒"），有的是"i"，有的是"ei"，有的是"ui"；声调有读第一声的，有读第二声的。

　　需要注意的是：普通话"i"韵母的字，并不都属于"平水韵"上平声"四支"韵，也有可能属于上平声"五微"韵、"八齐"韵、"十灰"韵。它们属于邻韵，填词时可以通押，写近体诗时不可通押。

　　本篇第二段的七字对"去妇因探邻舍枣，出妻为种后园葵"一句，"探"字今读去声，但在"平水韵"里却是平、去二读（不别义），且以平声为首选。在"平水韵"系统里，"探"和"种"，是平对去，在声律上对偶可以成立。

　　本篇第三段"张骏曾为槐树赋"，经考证，《槐树赋》的作者应是西凉武昭王李暠，而非前凉世祖张骏。清后期通行本《声律启蒙撮要》的这一错误，是沿袭明涂时相本的。故我们在注释中对此给以详细考辨，但并不改动《声律启蒙》原文。

（一）

　　茶对酒，赋对诗①。

燕子对莺儿。

栽花对种竹,落絮对游丝^②。

四目颉^③,一足夔^④。

鸲鹆对鹭鸶^⑤。

半池红菡萏^⑥,一架白荼蘼^⑦。

几阵秋风能应候^⑧,一犁春雨甚知时^⑨。

智伯恩深^⑩,国士吞变形之炭^⑪;羊公德大^⑫,邑人竖堕泪之碑^⑬。

【注释】

①赋:中国古典文学的一种文体,需要押韵,多用铺陈手法,盛行于两汉。晋陆机《文赋》:"诗缘情而绮靡,赋体物而浏亮。"

②落絮(xù):落下的丝絮。比喻飘落的柳絮或雪花。古诗文习用语。宋晏殊《蝶恋花》:"满眼游丝兼落絮。红杏开时,一霎清明雨。"游丝:飘荡在空中的细丝,多为蜘蛛等虫类所吐。古诗文习用语。南朝梁沈约《三月三日率尔成篇》:"游丝映空转,高杨拂地垂。"

③四目颉(jié):传说中汉字的创造者,黄帝的史官,有四只眼睛。《论衡·骨相》:"苍颉四目,为黄帝史。"

④一足夔(kuí):夔,舜的臣子,精通音律。舜曾说过"一夔足矣",意思是像夔这样的臣子,得到一个就足够了,后人误传为夔只有一只脚。《韩非子·外储说左下·说二》:"哀公问于孔子曰:'吾闻夔一足,信乎?'曰:'夔,人也,何故一足? 彼其无他异,而独通于声。尧曰:"夔一而足矣,使为乐正。"故君子曰:"夔有一足。"非一足也。'"《吕氏春秋·慎行览·察传》《孔丛子·论书》亦有类似记载。

⑤鸲鹆（qú yù）：鸟名。俗称八哥。亦写作"鸜鹆"。《春秋·昭公二十五年》："有鸜鹆来巢。"杨伯峻注："鸜同鸲，音劬。鸜鹆即今之八哥，中国各地多有之。"鹭鸶（lù sī）：即白鹭。因其头顶、胸、肩、背部皆生长毛如丝，故称"鹭鸶"。

⑥菡萏（hàn dàn）：荷花的别称。《诗经·陈风·泽陂》："彼泽之陂，有蒲菡萏。"毛传："菡萏，荷花也。"《尔雅·释草》："荷，芙渠。其茎茄，其叶蕸，其本蔤，其华菡萏，其实莲，其根藕，其中的，的中薏。"

⑦荼蘼（tú mí）：亦作"酴醿"，落叶小灌木，春末夏初时开花，花白色，有香气，供观赏。

⑧应候：顺应时令节候。晋陆云《寒蝉赋》序："处不巢居，则其俭也；应候守节，则其信也。"候，物候，指动植物随季节气候变化而变化的周期现象，亦泛指时令。《素问》："岐伯曰：'五日谓之候，三候谓之气，六气谓之时，四时谓之岁。'"古人把五天称为"一候"，一年七十二候。现代气象学上仍沿用。

⑨一犁春雨：因春雨宜于耕种，故谓之"一犁春雨"。宋人谢耕道曾画一犁春雨图，闻名一时，陆游、赵师秀等名诗人争相题咏。

⑩智伯：即智襄子智瑶（前506—前453），姬姓，智氏，名瑶，因智氏出于荀氏，故又称"荀瑶"，春秋末期晋国六卿之首，时人尊称其智伯（又写作"知伯"）。晋出公十七年（前458），与赵、魏、韩四分范氏、中行氏地为邑。后与韩、魏攻赵襄子，于晋出公二十二年（前453）反被赵襄子联合韩、魏而灭。谥襄，故又称"智襄子"。

⑪国士：一国中最优秀的人，此处指豫让。豫让最初是中行氏的门客，因为不被重用，所以转而投奔智伯，得到智伯的礼遇。后来智伯被赵襄子杀害，豫让为了替智伯报仇，用漆涂在身上，使自己生疮癞，又吞炭而使自己声音变得嘶哑，以防止赵襄子认出自己从而有所防备。行刺失败之后，赵襄子问他为什么单单替智

伯报仇,他回答说,(智伯)以国士遇我,我故以国士报之。另外,我们常说的"士为知己者死,女为说己者容",也是豫让在为智伯报仇之前表明心志的话。《史记·刺客列传》记其事。变形之炭:语出《史记·刺客列传》:"居顷之,豫让又漆身为厉,吞炭为哑,使形状不可知,行乞于市。"严格来说,"吞炭"只能"变声","漆身"才能"变形"。《声律启蒙》此处是混而言之。

⑫羊公:指西晋功臣羊祜(221—278),字叔子,泰山南城(今山东平邑)人。蔡邕外孙、司马师之妻弟。初以上计吏仕魏,锺会被诛后,渐居要职,官至中领军,掌兵权。晋武帝代魏之后,官拜尚书右仆射、卫将军。泰始五年(269),迁都督荆州诸军事。在州垦田屯粮,与吴将陆抗使命交通,各保分界,传为一时美谈。官至征南大将军,封南城侯。在官清俭。咸宁四年(278)卒。临终,举杜预自代。《晋书》有传。

⑬堕泪之碑:羊祜镇守荆州,颇得百姓爱戴。他死后,襄阳百姓在岘山为他建庙立碑,大家看到碑都忍不住流泪,杜预于是给碑取名叫"堕泪碑"。《晋书·羊祜传》:"襄阳百姓于岘山祜平生游憩之所建碑立庙,岁时飨祭焉。望其碑者莫不流涕,杜预因名为堕泪碑。荆州人为祜讳名,屋室皆以门为称,改户曹为辞曹焉。"

【译文】

茶对酒,赋对诗。

燕子对黄莺。

栽花对种竹,飘落的柳絮对游荡的蛛丝。

传说仓颉有四只眼,夔只有一只脚。

八哥对鹭鸶。

半池红色的荷花,一架白色的荼蘼。

几阵秋风吹过,真能顺应节候;一场春雨洒落,分明晓得农时。

智伯对豫让有非比寻常的知遇之恩,因此豫让漆身吞炭改变声音形貌为他报仇;羊祜对百姓十分仁德,所以百姓在他死后为他立碑且见碑落泪。

（二）

行对止,速对迟。

舞剑对围棋①。

花笺对草字②,竹简对毛锥③。

汾水鼎④,岘山碑⑤。

虎豹对熊罴⑥。

花开红锦绣,水漾碧琉璃⑦。

去妇因探邻舍枣⑧,出妻为种后园葵⑨。

笛韵和谐,仙管恰从云里降;橹声咿轧⑩,渔舟正向雪中移。

【注释】

①围棋:下围棋。"围"在此处是动词。

②花笺(jiān):华丽精美的信纸。南朝陈徐陵《〈玉台新咏〉序》:"三台妙迹,龙伸蠖屈之书;五色花笺,河北胶东之纸。"草字:草书。汉字字体的一种,结构简省、笔画连绵。

③竹简:古代用以书写、记事的竹片。《后汉书·宦者传·蔡伦》:"自古书契多编以竹简,其用缣帛者谓之为纸。"晋荀勖《〈穆天子传〉序》:"汲县民不准盗发古冢所得书也,皆竹简素丝编,以臣勖前所考定古尺度其简,长二尺四寸,以墨书,一简四十字。"毛锥(zhuī):毛笔的别称。因其形如锥,束毛而成,故名。《旧五代史·汉书·史弘肇传》:"弘肇又厉声言曰:'安朝廷,定祸乱,直须长枪大剑,至如毛锥子,焉足用哉!'三司使王章曰:'虽有长

枪大剑，若无毛锥子，赡军财富，自何而集？'"

④汾（fén）水鼎（dǐng）：据《史记·封禅书》，汉文帝时方士新垣平预言汾阴将出宝鼎，后汉武帝时果在汾阴掘得宝鼎，汉武帝因此改年号为"元鼎"。汾水，即汾河，在今山西省境内，黄河第二大支流。源于山西宁武管涔山麓，贯穿山西省南北，在河津附近汇入黄河。《山海经》载："管涔之山……汾水出焉。西流注入河。"汾者，大也，汾河因此而得名。

⑤岘（xiàn）山碑：即堕泪碑。参前注。

⑥熊罴（pí）：熊和罴。皆为猛兽。比喻勇士或雄师劲旅。《尚书·牧誓》："尚桓桓，如虎如貔，如熊如罴。"《尚书·康王之诰》："则亦有熊罴之士，不二心之臣，保乂王家。"《尔雅·释兽》："罴，如熊，黄白文。"晋郭璞注："似熊而长头高脚，猛憨多力，能拔树木，关西呼曰貑罴。"

⑦碧琉璃（liú lí）：亦作"碧瑠璃"。碧绿色的琉璃。亦喻指碧绿色的光莹透明之物。唐宋诗多用来形容绿水。唐李涉《题水月台》："水似晴天天似水，两重星点碧琉璃。"宋欧阳修《浣溪沙》："溶溶春水浸春云，碧瑠璃滑净无尘。"

⑧去妇因探邻舍枣：典出《汉书·王吉传》："始吉少时学问，居长安。东家有大枣树垂吉庭中，吉妇取枣以啖吉。吉后知之，乃去妇。东家闻而欲伐其树，邻里共止之，因固请吉令还妇。里中为之语曰：'东家有树，王阳妇去；东家枣完，去妇复还。'其厉志如此。"大意为，王吉曾因妻子偷摘邻居家的几个枣子而休妻，后来在邻里的劝阻下夫妇才重归于好。王吉（？—前48），字子阳，琅邪皋虞（今山东即墨）人。西汉大儒，兼通"五经"，曾官昌邑王（刘贺）中尉。昌邑王被立为帝仅二十七天，以行淫乱废，王吉因常忠言谏王得免死罪。汉宣帝时，王吉官任博士、谏大夫，曾上疏议论宣帝得失，后以病辞归。王吉与贡禹为友，皆以德行闻

名,世称"王阳在位,贡公弹冠"。汉元帝初立,命使者征用王吉与贡禹。王吉年老,未至京,死于途中。去妇,指休妻。探,此处指偷摘。"探"字在普通话里只有去声一个读音,但在"平水韵"里却是平、去两读,与下文相对应的"种"字是平对仄。

⑨出妻为种后园葵:典出《史记·循吏列传·公仪休》:"(公仪休)食茹而美,拔其园葵而弃之。见其家织布好,而疾出其家妇,燔其机,云'欲令农士工女安所仇其货乎?'"公仪休是春秋时期鲁国博士,官至宰相,廉洁奉法,禁止食禄者与小民争利。公仪休吃到自家种的葵菜,又见自家织的布很精美,认为这是在和园夫、织女争利,于是怒而拔去葵菜,并休妻出门。出妻,指休妻。葵,即冬葵,一年生草本植物,果实扁圆形。种子、根、茎、叶均可入药,嫩叶可食。

⑩咿轧（yī yà）:象声词。此处形容摇橹发出的声音。

【译文】

行动对停止,快速对迟缓。

舞剑对下棋。

精美的信笺对遒劲的草书,竹简对毛笔。

汾水边曾出过宝鼎,岘山上竖有堕泪碑。

虎和豹对熊与罴。

鲜花盛开,红如锦绣;水波荡漾,碧如琉璃。

汉代王吉休妻,是因为她私自摘了邻家的枣;春秋时鲁国公仪休出妻,是因为她在后园种植葵菜和农夫争利。

笛声音节和谐,如同仙乐从云中飘来;橹声咿呀作响,渔夫正把小船摇向落雪的江面。

（三）

戈对甲,鼓对旗。

紫燕对黄鹂。

梅酸对李苦①,青眼对白眉②。

三弄笛③,一围棋④。

雨打对风吹。

海棠春睡早⑤,杨柳昼眠迟⑥。

张骏曾为槐树赋⑦,杜陵不作海棠诗⑧。

晋士特奇⑨,可比一斑之豹⑩;唐儒博识⑪,堪为五总之龟⑫。

【注释】

①梅酸:典出《世说新语·假谲》:"魏武行役,失汲道,军皆渴,乃令曰:'前有大梅林,饶子,甘酸,可以解渴。'士卒闻之,口皆出水,乘此得及前源。"曹操行军,找不到水源饮用,就哄骗士兵说前方有大片梅林,可以解渴。李苦:典出《世说新语·雅量》:"王戎七岁,尝与诸小儿游。看道边李树多子折枝。诸儿竞走取之,唯戎不动。人问之,答曰:'树在道边而多子,此必苦李。'取之,信然。"王戎七岁时,跟小朋友们一起玩,看见路边李子树结满果子,小朋友抢着摘,王戎说这李子的味道一定是苦的。

②青眼:指对人喜爱或器重。与"白眼"相对。眼睛平视则见黑眼珠,上视则见白眼珠。典出《世说新语·简傲》"嵇康与吕安善"南朝梁刘孝标注引《晋百官名》:"嵇喜字公穆,历扬州刺史,康兄也。阮籍遭丧,往吊之。籍能为青白眼,见凡俗之士,以白眼对之。及喜往,籍不哭,见其白眼,喜不怿而退。康闻之,乃赍酒挟琴而造之,遂相与善。"阮籍藐视礼俗,以白眼对凡夫俗子,以青眼待喜欢的人。阮籍母亲去世,嵇喜(嵇康之兄)来吊唁,阮籍对他以白眼;嵇康来吊唁,阮籍以青眼相迎。白眉:语出《三国志·蜀

书•马良传》："马良,字季常,襄阳宜城人也。兄弟五人,并有才名,乡里为之谚曰:'马氏五常,白眉最良。'良眉中有白毛,故以称之。"三国时蜀国马良眉有白毛,他兄弟五人都有才名,且都以"常"为字,但马良最杰出,因此当时人说:"马氏五常,白眉最良。"后因以"白眉"喻兄弟或侪辈中的杰出者。

③三弄笛:吹奏笛子或笛曲的一段、一章,称作"一弄"。典出《世说新语•任诞》:"王子猷出都,尚在渚下。旧闻桓子野善吹笛,而不相识。遇桓于岸上过,王在船中,客有识之者,云是桓子野。王便令人与相闻云:'闻君善吹笛,试为我一奏。'桓时已贵显,素闻王名,即便回下车,踞胡床,为作三调。弄毕,便上车去。客主不交一言。"东晋桓伊善吹笛,与王徽之路上相逢,应王之邀,吹奏三章。后人据此创作"梅花三弄"笛曲,描写傲霜斗雪的寒梅,曲中主调重复出现三次。

④一围棋:即下一局围棋。典出南朝梁任昉《述异记》:"信安郡石室山,晋时王质伐木至,见童子数人棋而歌,质因听之。童子以一物与质,如枣核。质含之,不觉饥。俄顷,童子谓曰:'何不去?'质起视,斧柯尽烂。既归,无复时人。"后人以此喻光阴迅速。唐李洞《赠徐山人》:"知叹有唐三百载,光阴未抵一先棋。"

⑤海棠春睡:语出《太真外传》:"上皇登沉香亭,诏太真妃子。妃子时卯醉未醒,命力士从侍儿扶掖而至。妃子醉颜残妆,鬓乱钗横,不能再拜。上皇笑曰:'岂是妃子醉,真海棠睡未足耳。'"后人多用"海棠春睡"形容女子睡眼惺忪、娇媚无比的样子。

⑥杨柳昼眠:典出《三辅故事》:"汉苑中有柳,状如人形,号曰人柳,一日三眠三起。"后人因有"柳眠"之说。唐李贺《沙路曲》:"柳脸半眠丞相树,佩马铃钉踏沙路。"唐韩偓《早起探春》:"烟柳半眠藏利脸,雪梅含笑绽香唇。"

⑦张骏(307—346):字公庭。张寔子,十六国时前凉国君。嗣其叔

张茂为凉州牧西平公,并受前赵封凉王之号。全盛时,尽有陇西之地。在位凡二十二年。谥文王,庙号世祖。槐树赋:《晋书·凉武昭王传》:"先是,河右不生楸、槐、柏、漆,张骏之世,取于秦陇而植之,终于皆死,而酒泉宫之西北隅有槐树生焉,玄盛又著《槐树赋》以寄情,盖叹僻陋退方,立功非所也。亦命主簿梁中庸及刘彦明等并作文。"据此,可知作《槐树赋》的应是西凉武昭王李暠,而非前凉世祖张骏。李暠(351—417),字玄盛,小字长生,陇西成纪(今甘肃秦安)人。晋安帝隆安四年(400),据敦煌、酒泉,称凉公,建立西凉政权。在位凡十七年。谥武昭王,庙号太祖。李暠写《槐树赋》,旨在抒发偏安一隅、难以建功立业的情感。

⑧杜陵:指唐代诗人杜甫,杜甫家住长安杜陵,晚年自称"杜陵野老"。不作海棠诗:宋人注意到杜甫没有写过海棠诗,对此问题非常关注。苏轼《赠黄州官妓》诗云:"恰似西川杜工部,海棠虽好不吟诗。"杨万里《海棠四首》其四云:"岂是少陵无句子,少陵未见欲如何?"成书于宋代的《古今诗话》云:"杜子美母名海棠,子美讳之,故《杜集》中绝无海棠诗。"其实,《古今诗话》说杜甫因母名海棠而避讳不写海棠诗的说法,纯属附会。海棠非中原本土花卉,传入较晚,盛唐时期尚未成为主流观赏花卉,不独杜甫,盛唐时代其他大诗人也没写过海棠诗。

⑨晋士:指晋人王献之(344—386),字子敬,琅邪临沂(今山东临沂)人。善书法,与父王羲之齐名,并称"二王"。

⑩一斑之豹:语出《世说新语·方正》:"王子敬数岁时,尝看诸门生摴蒲,见有胜负,因曰:'南风不竞。'门生辈轻其小儿,乃曰:'此郎亦管中窥豹,时见一斑。'"王献之从小聪慧,几岁时看人博弈,便能推断结果,却因年幼被人轻视,说他不过是用管窥豹,只看见豹身上的一块斑纹。

⑪唐儒:指唐朝大儒殷践猷,他学问广博,被贺知章称为"五总龟",
意思是他无所不知。

⑫五总之龟:语出《新唐书·儒学(中)》:"殷践猷,字伯起,陈给事
中不害五世从孙。博学,尤通氏族、历数、医方。与贺知章、陆象
先、韦述最善,知章尝号为'五总龟',谓龟千年五聚,问无不知
也。"据说龟每长二百年,就能生出两条尾巴,称一总;到千岁的
时候,共有五总,称"一聚"。五总的龟无所不知,因此人们常用
"五总之龟"来比喻人的学识广博。

【译文】

兵器对铠甲,战鼓对旌旗。

紫燕对黄鹂。

梅子酸对李子苦,阮籍的青眼对马良的白眉。

奏三遍笛曲,下一局围棋。

雨打对风吹。

海棠春日早早入睡,杨柳白天睡到很晚。

张骏曾经写过槐树赋,杜甫从来不作海棠诗。

东晋王献之从小聪慧,时人形容他管中窥豹,只见一斑;唐朝殷践
猷学识广博,可以称得上"五总之龟"。

上平五微

【题解】

本篇共三段,皆为韵文。每段韵文,由若干句对仗的联语组成。每
句皆押"平水韵"上平声"五微"韵。

本篇每句句末的韵脚字,"稀""飞""微""肥""矶""玑""衣""归"
"非""依""饥""巍""威""旂"等,在传统诗韵("平水韵")里,都归属于上
平声"五微"这个韵部。这些字,在普通话里,韵母大多含"i",有的是
"i",有的是"ei",有的是"ui";声调有读第一声的,有读第二声的。

需要注意的是：普通话"i"韵母的字，并不都属于"平水韵"上平声"五微"韵；也有可能属于上平声"四支"韵、"八齐"韵、"十灰"韵。它们属于邻韵，填词时可以通押，写近体诗时不可通押。

本篇第三段五字对"虎节对龙旌"一句，清后期通行本《声律启蒙撮要》作"龙旗"。虽然，今人多将此二字视为异体字，但"旗"字在"四支"韵，"旌"在"五微"韵，当以"旌"字为是。且明涂时相本《声律发蒙》作"旌"。

（一）

来对往，密对稀。

燕舞对莺飞。

风清对月朗①，露重对烟微②。

霜菊瘦③，雨梅肥④。

客路对渔矶⑤。

晚霞舒锦绣，朝露缀珠玑⑥。

夏暑客思敧石枕⑦，秋寒妇念寄边衣⑧。

春水才深⑨，青草岸边渔父去⑩；夕阳半落⑪，绿莎原上牧童归⑫。

【注释】

①朗：明亮。

②露重（zhòng）：古诗文习用语。露本不重，但因新枝纤细柔弱，故显露重。南朝梁庾仲容《咏柿诗》："风生树影移，露重新枝弱。"南朝宋鲍照《与谢尚书庄三联句》："风轻桃欲开，露重兰未胜。"

③霜菊：傲霜的秋菊。菊花秋天开，已下霜，故称"秋菊"。唐白居易《寄王秘书》："霜菊花萎日，风梧叶碎时。"瘦：宋人诗词喜言菊

瘦。如苏辙《次韵张去华院中感怀》:"临阶野菊偏能瘦,倚槛青松解许长。"陆游《初冬》:"雨荒园菊枝枝瘦,霜染江枫叶叶丹。"

④雨梅肥:语出唐杜甫《陪郑广文游何将军山林十首》其五:"绿垂风折笋,红绽雨肥梅。"后人诗词里的"梅肥",可指梅花,亦可指梅子,而以后者为多。宋文天祥《翠玉楼观雪》:"柳眼惊何老,梅花觉半肥。"指梅花肥。宋卢祖皋《浣溪沙》:"中酒情怀滋味薄,肥梅天气带衣傭。日长门巷雨余风。"此"肥梅天气",指梅雨季节。

⑤客路:指旅途。古诗文习用语。唐王湾《次北固山下》:"客路青山外,行舟绿水前。"渔矶(jī):可供垂钓的水边岩石。矶,水边的石滩或突出的大石。古诗文习用语。唐戴叔伦《过故人陈羽山居》:"峰攒仙境丹霞上,水绕渔矶绿玉湾。"

⑥珠玑(jī):珠宝玉石。玑,不圆的珠子。汉东方朔《七谏》:"玉与石其同匮兮,贯鱼眼与珠玑。"

⑦欹(yǐ):本字作"攲",本义是斜、倾、侧;又同"倚"。此处是动词,倚靠之义。"欹枕"是唐诗常用词汇,如元稹《晚秋》:"谁怜独欹枕,斜月透窗明。"

⑧边衣:戍守边关的人穿的衣服。北周王褒《和张侍中看猎》:"独嗟来远客,辛苦倦边衣。"府兵制时代,士兵的衣服由家人制作寄送。入秋,妻子要为戍边的丈夫寄寒衣。唐裴说《闻砧》诗,诗题一作《寄边衣》:"时闻寒雁声相唤,纱窗只有灯相伴。几展齐纨又懒裁,离肠恐逐金刀断。"宋许棐《寄衣曲》:"芦花风紧雁飞飞,便寄边衣也是迟。妾把剪刀犹觉冷,况君披甲枕戈时。"都是写这一习俗。

⑨春水才深:《三国志·吴书·吴主传》:"(建安)十八年正月,曹公攻濡须,权与相拒月余。曹公望权军,叹其齐肃,乃退。"裴注引《吴历》曰:"权为笺与曹公,说:'春水方生,公宜速去。'"又唐杜

甫《南邻》:"秋水才深四五尺,野航恰受两三人。"《声律启蒙》"春水才深"四字,系嫁接《三国志》"春水方生"与杜诗"秋水才深"语典而成。

⑩渔父(fǔ):渔翁。

⑪夕阳半落:古诗文习用语,宋人常用。如丘葵《晚行书所见》:"夕阳半落红犹在,寒月初升白未匀。"陈允平《一寸金》:"水满萍风作。阑干外、夕阳半落。"张孝祥《菩萨蛮》:"吴波细卷东风急,斜阳半落苍烟湿。"

⑫绿莎(suō):绿色的莎草,泛指绿草地。莎,莎草,也叫香附子,可以入药。古诗文习用语。唐元稹《和乐天题王家亭子》:"风吹笋箨飘红砌,雨打桐花盖绿莎。"前蜀韦庄《睹军回戈》:"御苑绿莎嘶战马,禁城寒月捣征衣。"

【译文】

前来对远去,浓密对稀疏。

燕子飞舞对黄莺飞翔。

风儿清爽对月儿明亮,露水浓重对烟雾轻微。

经霜的秋菊细弱清瘦,雨后的红梅饱满圆润。

异乡的道路对水边的石头。

天边的晚霞像舒展的锦绣,早晨的露水像凝结的珍珠。

夏日炎炎,赶路的行人想要斜靠着石头休息;秋天渐冷,在家的妇人惦记着给戍守边关的丈夫寄寒衣。

春天的河流才刚涨水,打鱼的老翁就沿着长满青草的河岸驾船远去;傍晚的夕阳尚未全落,放牧的儿童就赶着牛羊从长满莎草的原野归来。

(二)

宽对猛①,是对非。

服美对乘肥^②。

珊瑚对玳瑁^③，锦绣对珠玑^④。

桃灼灼^⑤，柳依依^⑥。

绿暗对红稀^⑦。

窗前莺并语^⑧，帘外燕双飞。

汉致太平三尺剑^⑨，周臻大定一戎衣^⑩。

吟成赏月之诗，只愁月堕^⑪；斟满送春之酒^⑫，惟憾春归。

【注释】

①宽：指政策宽容。猛：指政策严苛。《左传·昭公二十年》载郑子产谓子太叔之言："唯有德者能以宽服民，其次莫如猛。夫火烈，民望而畏之，故鲜死焉。"

②服美：穿华贵的衣服。乘（chéng）肥："乘肥马"的简称，指坐着骏马驾的车子。语出《论语·雍也》："赤之适齐也，乘肥马，衣轻裘。"后世遂以"乘肥衣轻"比喻奢华的生活。此句"服美"与《论语》"衣轻裘"意思相当。

③珊瑚（shān hú）：由海洋生物珊瑚虫分泌的石灰质骨骼聚结而成的东西，状如树枝，多为红色，也有白色或黑色的。鲜艳美观，可做装饰品。汉班固《西都赋》："珊瑚碧树，周阿而生。"明李时珍《本草纲目·金石八·珊瑚》："珊瑚生海底，五七株成林，谓之珊瑚林。居水中直而软，见风日则曲而硬，变红色者为上，汉赵佗谓之火树是也。亦有黑色者不佳，碧色者亦良。昔人谓碧者为青琅玕，俱可作珠。"玳瑁（dài mào）：亦作"瑇瑁"，一种海洋动物，形似龟。甲壳黄褐色，有黑斑和光泽，可做装饰品。甲片可入药。汉司马相如《子虚赋》："其中则有神龟蛟鼍，瑇瑁鳖鼋。"

④锦绣：花纹色彩精美鲜艳的丝织品。《墨子·公输》："舍其锦绣，

邻有短褐,而欲窃之。"亦用以比喻美丽或美好的事物。唐刘禹
锡《酬乐天见贻贺金紫之什》:"珍重和诗呈锦绣,愿言归计并
园庐。"

⑤灼灼(zhuó):形容花开得茂盛。《诗经·周南·桃夭》:"桃之夭
夭,灼灼其华。"毛传:"灼灼,花之盛也。"

⑥依依:形容杨柳枝叶纷披、随风摇动的样子。《诗经·小雅·采
薇》:"昔我往矣,杨柳依依。"

⑦绿暗、红稀:形容暮春时绿荫幽暗、红花凋谢的景象。唐韩琮《暮
春浐水送别》:"绿暗红稀出凤城,暮云楼阁古今情。"

⑧莺并语:指黄莺和鸣。莺语,指莺的啼鸣声。古诗文常用语。晋
孙绰《兰亭》:"莺语吟修竹,游鳞戏澜涛。"唐白居易《寒食日过枣
团店》:"酒香留客住,莺语和人诗。"

⑨三尺剑:汉高祖刘邦说自己夺得天下,全靠手中的三尺剑。见前
注("一东"篇)。

⑩臻(zhēn):至,达成。大定:指一统天下。一戎(róng)衣:一穿
上军装,泛称用兵作战。戎衣,军服。或云,"衣"当作"殷",谓一
用兵而胜殷。一,亦作"壹"。《尚书·武成》:"一戎衣,天下大
定。"(伪)孔传:"衣,服也。一着戎服而灭纣。"《中庸》:"武王缵
大王、王季、文王之绪,壹戎衣而有天下。"汉郑玄注:"戎,兵也。
衣,读如殷,声之误也。齐人言殷声如衣。……壹戎殷者,壹用兵
伐殷也。"唐孔颖达疏:"郑必以衣为殷者,以十一年观兵于孟津,
十三年灭纣,是再着戎服,不得称一戎衣,故以衣为殷。"今人或
主张"壹"通"殪","衣"通"殷",戎即大,"一戎衣"即灭大商。

⑪月堕:即月落。古诗文习用语。唐姚合《杏溪十首·渚上竹》:
"诗人月下吟,月堕吟不休。"

⑫送春:送别春天。唐代文人有在三月晦日(三十日)送春的风雅
传统。唐白居易有《送春归》诗,题注:"元和十一年三月三十日

作。"词曰："送春归,三月尽日日暮时。去年杏园花飞御沟绿,何
处送春曲江曲。今年杜鹃花落子规啼,送春何处西江西。"

【译文】

为政宽容对政令严苛,正确对错误。

穿华美的衣服对坐骏马拉的车子。

珊瑚对玳瑁,锦绣对珠玑。

桃花繁盛鲜艳,柳条婀娜缠绵。

叶子浓绿发暗对红花稀疏可怜。

窗前黄莺两两和鸣,帘外燕子比翼双飞。

汉高祖刘邦一统天下,靠的是手持三尺利剑;周武王取得太平,全凭着身披一袭戎装。

吟成赏月的诗篇,只愁着那月儿转瞬即落;斟满送春的美酒,只可惜这春光即将离去。

（三）

声对色①,饱对饥。

虎节对龙旂②。

杨花对桂叶,白简对朱衣③。

龙也吪④,燕于飞⑤。

荡荡对巍巍⑥。

春暄资日气⑦,秋冷借霜威⑧。

出使振威冯奉世⑨,治民异等尹翁归⑩。

燕我弟兄,载咏棠棣韡韡⑪;命伊将帅,为歌杨柳依依⑫。

【注释】

①声:音乐。色:女色。声色连用,多指歌妓舞女。《礼记·月令》:

"（仲夏之月）止声色，毋或进。"唐孔颖达疏："止声色者，歌乐华丽之事，为助阴静，故止之。"

②虎节：雕刻成虎头形的符节，周代山国使者出行时所持的符节。《周礼·地官·掌节》："凡邦国之使节，山国用虎节，土国用人节，泽国用龙节，皆金也。"汉郑玄注："使节，使卿大夫聘于天子诸侯，行道所执之信也。土，平地也。山多虎，平地多人，泽多龙，以金为节，铸象焉。"清孙诒让正义引清江永曰："此即小行人之虎、人、龙节，列国之使，各用其虎、人、龙节，以为行道之信。观其用虎节，知其自山国而来，人、龙亦然。"虎节后来多用作兵符，是调兵的凭证。一般是铜质虎形，分左、右两半，朝廷存右半，统帅持左半，作调动军队的凭证用。龙旂（qí）：是画有两龙蟠结的旗帜。天子仪仗之一。《诗经·商颂·玄鸟》："龙旂十乘，大糦是承。"郑笺："交龙为旂。"《周礼·考工记·辀人》："龙旂九斿，以象大火也。"汉郑玄注："交龙为旂，诸侯之所建也。"唐贾公彦疏："九斿，正谓天子龙旂。"清后期通行本《声律启蒙撮要》，此处作"龙旗"。但"旗"字在"四支"韵，"旂"在"五微"韵，当以"旂"字为是。且，明涂时相本《声律发蒙》作"旂"。

③白简：古代御史弹劾官员时使用白简上疏，故用以指弹劾性的奏章，亦可指代御史。《晋书·傅玄传》："玄天性峻急，不能有所容；每有奏劾，或值日暮，捧白简，整簪带，竦踊不寐，坐而待旦。"朱衣：大红色的公服。古代王公及高级官员所穿。《礼记·月令》："（孟夏之月）天子居明堂左个，乘朱路，驾赤骝，载赤旂，衣朱衣，服赤玉。"《资治通鉴·宋文帝元嘉三十年》："甲子，宫门未开，劭以朱衣加戎服上，乘画轮车，与萧斌共载，卫从如常入朝之仪。"元胡三省注："朱衣，太子入朝之服。"《后汉书·蔡邕传》："臣自在宰府，及备朱衣，迎气五郊，而车驾稀出。"《晋书·礼志下》："太元中，尚书符问王公已下见皇太子仪及所衣服。侍中领

国子博士车胤议：'朝臣宜朱衣裤帻，拜敬，太子答拜。'"唐朝时四品、五品官所穿的绯服，亦称"朱衣"。后遂以"朱衣"代指入仕、升官。

④ 尨（máng）：一种多毛的狗。吠：狗叫。《诗经·召南·野有死麕》："无使尨也吠。"毛传："尨，狗也。"《说文解字》："尨，犬之多毛者。"

⑤ 燕于飞：燕子比翼双飞。于，词头，无实义。《诗经·邶风·燕燕》："燕燕于飞，差池其羽。"

⑥ 荡荡：形容广大、浩大、博大的样子。《尚书·洪范》："无偏无党，王道荡荡。"《论语·泰伯》："大哉尧之为君也……荡荡乎，民无能名焉。"宋朱子集注："荡荡，广远之称也。"巍巍：形容山势高耸的样子。亦用以形容人崇高伟大。《论语·泰伯》："巍巍乎！舜、禹之有天下也，而不与焉。"三国曹魏何晏集解："巍巍，高大之称。"

⑦ 春暄（xuān）：春暖。亦指春暖之时。古诗文习用语。南朝宋谢庄《宋孝武帝哀策文》："雨零露湛，冬暖春暄。"《诗经·豳风·七月》："春日迟迟。"唐孔颖达疏："人遇春暄，则四体舒泰。"暄，日光带来的温暖。资：借助。

⑧ 霜威：寒霜肃杀的威力，即霜寒。古诗文习用语。南朝齐谢朓《高松赋》："岂凋贞于岁暮，不受令于霜威。"

⑨ 出使振威冯奉世：指西汉冯奉世出使西域大振国威一事。冯奉世（？—前39），字子明，上党潞（今山西潞城）人，徙居杜陵（今陕西西安）。三十多岁开始学习《春秋》和兵法。汉宣帝时，受命出使西域，遇上莎车国作乱，杀害汉朝使者及所置莎车王，冯奉世当机立断，调发西域诸国兵马五千人，大破莎车，威震西域。宣帝封他光禄大夫、水衡都尉。汉元帝时，率军击破陇西羌，升任左将军光禄勋。《汉书》有传。

⑩治民异等尹翁归：指尹翁归为官政绩优秀，位居前列。语出《汉书·尹翁归传》。异等，特等，指成绩超乎寻常。尹翁归（？—前62），字子兄（kuàng），河东平阳（今山西临汾）人。汉宣帝时，官至东海太守、右扶风，为官清廉，治民有方，家无余财，颇得时誉。元康四年（前62）卒，汉宣帝下诏褒奖，称赞他"廉平乡正，治民异等"。《汉书》有传。

⑪"燕我弟兄"二句：指《诗经·小雅·常棣》一诗的主旨是燕乐兄弟。燕，通"宴"，宴请。《毛诗序》："《常棣》，燕兄弟也。闵管、蔡之失道，故作《常棣》焉。"载（zài），则。棣（dì）棠，"棠棣"之倒文。亦可写作"常棣""唐棣"。木名，即郁李。因《诗经·小雅·常棣》是"燕兄弟"之诗，故后世多以棠棣代指兄弟情谊。韡韡（wěi）：形容花朵光明华美的样子。《诗经·小雅·常棣》："常棣之华，鄂不韡韡。凡今之人，莫如兄弟。"毛传："韡韡，光明也。"

⑫"命伊（yī）将帅"二句：指《诗经·小雅·采薇》是天子命将帅出征时所奏的乐歌。《毛诗序》："《采薇》，遣戍役也。文王之时，西有昆夷之患，北有猃狁之难。以天子之命，命将率，遣戍役，以守卫中国。故歌《采薇》以遣之。"伊，他。杨柳依依，语出《诗经·小雅·采薇》。

【译文】

声优对歌妓，饱足对饥饿。

虎形的兵符对绣龙的旗子。

杨树的花对桂树的叶，御史用的白色疏简对大官穿的红色官服。

狗儿叫，燕子飞。

江河荡荡对山岭巍巍。

春天暖和是依靠阳光的照耀，深秋寒冷是借重冰霜的严寒。

冯奉世出使西域，使西汉国威大振；尹翁归治理百姓，政绩异常优等。

设宴款待兄弟,歌咏《诗经·小雅·常棣》"常棣之华,鄂不韡韡。凡今之人,莫如兄弟"的诗句,希望家族和睦;任命将帅出征,演唱《诗经·小雅·采薇》中"昔我往矣,杨柳依依。今我来思,雨雪霏霏"的诗句,祈盼三军早日凯旋。

上平六鱼

【题解】

本篇共三段,皆为韵文。每段韵文,由若干句对仗的联语组成。每句皆押"平水韵"上平声"六鱼"韵。

本篇每句句末的韵脚字,"虚""书""车""驴""鱼""如""渔""徐""裾""渠""舒""墟""梳"等,在传统诗韵("平水韵")里,都归属于上平声"六鱼"这个韵部。这些字,在普通话里,韵母大多是"u"或"ü"("车"字,今音chē,特指象棋棋子时,读jū。在"平水韵"里,"车"字二音,分属上平"六鱼"、下平"六麻"两个韵部,不别义);声调有读第一声的,有读第二声的。

需要注意的是:普通话"u"韵母和"ü"韵母的字,并不都属于"平水韵"上平声"六鱼"韵,也有可能属于上平声"七虞"韵。它们是邻韵,填词时可以通押,写近体诗时不可通押。

(一)

无对有,实对虚。
作赋对观书。
绿窗对朱户①,宝马对香车②。
伯乐马③,浩然驴④。
弋雁对求鱼⑤。
分金齐鲍叔⑥,奉璧蔺相如⑦。

掷地金声孙绰赋⑧，回文锦字窦滔书⑨。

未遇殷宗，胥靡困傅岩之筑⑩；既逢周后，太公舍渭水之渔⑪。

【注释】

① 绿窗：绿色纱窗。指女子居室。古诗文习用语。唐李绅《莺莺歌》："绿窗娇女字莺莺，金雀娅鬟年十七。"亦指贫女的居室，与红楼相对（红楼为富家女子居室）。唐白居易《秦中吟·议婚》："红楼富家女，金缕绣罗襦……绿窗贫家女，寂寞二十余。"朱户：古代帝王赏赐诸侯或有功大臣的朱红色的大门，古为"九锡"之一种。《韩诗外传》卷八："诸侯之有德，天子锡之。一锡车马，再锡衣服……六锡朱户。"亦可泛指朱红色大门，代指富贵人家。户，一扇门。古诗文习用语。

② 宝马、香车：指名贵的良马、华丽的车子，借指富贵之家出行的排场。古诗文习用语。唐沈佺期《上巳日祓禊渭滨应制》："宝马香车清渭滨，红桃碧柳禊堂春。"此处"车"属"六鱼"韵，读jū。

③ 伯乐（lè）马：伯乐，春秋时人，姓孙，名阳。善于相马，曾经为秦穆公相马，认为求良马不难，求真正的千里马难。一般的良马"可形容筋骨相"；相天下绝伦的千里马，则必须"得其精而忘其粗，在其内而忘其外"。见《列子·说符》。《庄子·马蹄》："及至伯乐，曰：'我善治马。'"唐陆德明释文："伯乐，姓孙，名阳，善驭马。"

④ 浩然驴：相传孟浩然曾经在灞桥冒着风雪骑驴寻梅，并且说他作诗的灵感多得自风雪中的驴子背上。五代孙光宪《北梦琐言》卷七载："唐相国郑綮虽有诗名，本无廊庙之望。……或曰：'相国近有新诗否？'对曰：'诗思在灞桥风雪中驴子上，此处何以得之。'盖言平生苦心也。"但历代文人更相信"诗思在灞桥风雪中驴子上"，是孟浩然的风雅之事。唐唐彦谦《忆孟浩然》："郊外凌

兢西复东,雪晴驴背兴无穷。句搜明月梨花内,趣入春风柳絮中。"宋王庭珪《赠写真徐涛》:"会貌诗人孟浩然,便觉灞桥风雪起。"金赵秉文《春山诗意图》:"何年身入画图传,似是三生孟浩然。诗句工夫驴背上,醉乡田地酒旗边。"金李纯甫《灞陵风雪》:"蹇驴驼着尽诗仙,短策长鞭似有缘。政在灞陵风雪里,管是襄阳孟浩然。"明张岱《夜航船》:"孟浩然情怀旷达,常冒雪骑驴寻梅,曰'吾诗思在灞桥风雪中驴背上'。"

⑤弋(yì)雁:射雁。弋,带有绳子的箭,用来射飞禽。《诗经·郑风·女曰鸡鸣》:"将翱将翔,弋凫与雁。"郑笺:"弋,缴射也。"

⑥分金齐鲍(bào)叔:即管、鲍分金。春秋时齐国管仲和鲍叔牙一块儿做买卖,每次分红时,管都多留给自己,鲍对此不仅不怪,反而说管这不是贪,而是穷,是需要。后以此比喻相知的深厚。语出《史记·管晏列传》:"管仲曰:'吾始困时,尝与鲍叔贾,分财利多自与,鲍叔不以我为贪,知我贫也。吾尝为鲍叔谋事而更穷困,鲍叔不以我为愚,知时有利不利也。吾尝三仕三见逐于君,鲍叔不以我为不肖,知我不遭时也。吾尝三战三走,鲍叔不以我怯,知我有老母也。公子纠败,召忽死之,吾幽囚受辱,鲍叔不以我为无耻,知我不羞小节而耻功名不显于天下也。生我者父母,知我者鲍子也。'"鲍叔,即鲍叔牙,春秋时齐国人,与管仲为莫逆之交。后来管、鲍二人分保公子纠与公子小白。齐襄公死,公子纠与公子小白争夺君位,公子纠被杀,公子小白回国即位,即齐桓公。鲍叔牙力劝桓公释管仲之囚,桓公任管仲为相,终成霸业。事见《史记·管晏列传》。

⑦奉璧蔺(lìn)相如:指蔺相如奉璧入秦之事。战国时赵惠文王得到楚和氏璧,秦昭王致书赵王,愿以十五城换璧。当时秦强赵弱,惠文王担心赵国给秦国璧而秦国不给赵国城,蔺相如愿奉璧前往,说:"城入赵而璧留秦;城不入,臣请完璧归赵。"见《史

记·廉颇蔺相如列传》。后即以"归赵""奉璧"等比喻物归原主。蔺相如,战国时赵国大臣。原为赵宦者令缪贤舍人。赵惠文王时,秦昭王强索和氏璧,说以十五城为交换。蔺相如奉命带璧入秦,当庭据理力争,终于完璧归赵,以功拜上大夫。赵惠文王二十年(前279),随赵王与秦王在渑池相会,使赵王未受屈辱,升上卿,位在廉颇之上。廉颇意欲羞侮之,蔺相如容忍谦让,使廉颇愧悟,登门谢罪,成为刎颈之交。事见《史记·廉颇蔺相如列传》。

⑧掷地金声孙绰(chuò)赋:晋孙绰写成《天台山赋》,对友人范荣期说:"卿试掷地,当作金石声。"范起初不信,打开来一读,果然赞不绝口。事见《世说新语·文学》《晋书·孙绰传》。金石,钟磬之类的乐器。后以"掷地金声"形容辞章优美。孙绰(314—371),字兴公,太原中都(今山西平遥)人,徙居会稽(今浙江绍兴)。东晋文学家,文名冠于一时。历任征西将军(庾亮)参军、太学博士、尚书郎、建威长史、右军长史、永嘉太守、散骑常侍,官至廷尉卿、领著作郎。年五十八,卒。

⑨回文锦字窦(dòu)滔书:东晋十六国时期前秦女子苏蕙,曾经把回文诗作为图案制成彩锦寄给流放远方的丈夫窦滔,内容非常凄楚感人。《晋书·列女传》:"窦滔妻苏氏,始平人也,名蕙,字若兰,善属文。滔,苻坚时为秦州刺史,被徙流沙,苏氏思之,织锦为回文旋图诗以赠滔。宛转循环以读之,词甚凄惋,凡八百四十字,文多不录。"后遂以"回文锦字"喻妻子之书信或情书,亦指妇女的诗文佳作。唐李白《代赠远》:"织锦作短文,肠随回文结。"回文,即回文诗,是一种顺着读倒着读都通顺的诗文。如南朝齐王融《春游回文诗》:"枝分柳塞北,叶暗榆关东。垂条逐絮转,落蕊散花丛。池莲照晓月,幔锦拂朝风。低吹杂纶羽,薄粉艳妆红。离情隔远道,叹结深闺中。"倒过来读,不仅文字通顺,且押韵,还是一首完整的诗。

⑩“未遇殷（yīn）宗”二句：是说贤人傅说在被殷高宗武丁发现并重用之前，还在傅岩服劳役。相传武丁做梦得到一名贤臣，派人四处寻访，终于在傅岩找到相貌相符之人，名叫“说”。《尚书·说命上》：“王宅忧，亮阴三祀。既免丧，其惟弗言。群臣咸谏于王曰：‘呜呼！知之曰明哲，明哲实作则。天子惟君万邦，百官承式。王言惟作命；不言，臣下罔攸禀令。’王庸作书以诰曰：‘以台正于四方，台恐德弗类，兹故弗言。恭默思道，梦帝赉予良弼，其代予言。’乃审厥象，俾以形旁求于天下。说筑傅岩之野，惟肖。爰立作相，王置诸其左右。”《史记·殷本纪》：“武丁夜梦得圣人，名曰说。以梦所见视群臣百吏，皆非也。于是乃使百工营求之野，得说于傅险中。是时，说为胥靡，筑于傅险。见于武丁，武丁曰是也。得而与之语，果圣人，举以为相，殷国大治。故遂以傅险姓之，号曰傅说。”殷宗，指殷高宗，即商王武丁。武丁乃帝小乙之子，帝盘庚之侄，相传少时生活在民间，知稼穑之艰难。即位后，重用傅说、甘盘等贤臣，励精图治，商王朝得以复兴，史称“武丁中兴”。在位五十九年，庙号高宗。“夏商周断代工程”将其在位时间定为前1250年—前1192年。胥靡（xū mí），是古代的一种刑罚，把多个人系联在一起服劳役。这里是指受胥靡之刑的人，即傅说。《吕氏春秋·求人》：“傅说，殷之胥靡也。”汉高诱注：“胥靡，刑罪之名也。”《汉书·楚元王传》：“二人谏，不听，胥靡之，衣之赭衣，使杵臼雅舂于市。”唐颜师古注：“联系使相随而服役之，故谓之胥靡，犹今之役囚徒以锁联缀耳。”傅岩，亦称“傅险”，古地名。位于今山西平陆东，相传商代贤士傅说曾服役版筑于此，故称。后因以泛指栖隐之处或隐逸之士。《尚书·说命上》：“说筑傅岩之野。”（伪）孔传：“傅氏之岩，在虞虢之界，通道所经，有涧水坏道，常使胥靡刑人筑护此道。说贤而隐，代胥靡筑之以供食。”《史记·殷本纪》：“得说于傅险中。是

时，说为胥靡，筑于傅险。"唐司马贞索隐："旧本作'险'，亦作
'岩'也。"唐张守节正义引《地理志》："傅险即傅说版筑之处。所
隐之处，窟名圣人窟，在今陕州河北县北七里，即虞国、虢国之
界。又有傅说祠。"清顾祖禹《读史方舆纪要·山西三·平阳
府》："傅岩，县（平陆县）东三十五里，即殷相傅说隐处，俗名圣
人窟。其地亦曰隐贤社。"筑，以木杵捣土使结实。古时修建城
墙等工事，用夹板夹住泥土，用木杵把土砸实，称为"版筑"。

⑪ "既逢周后"二句：是说姜太公遇到周文王之后，就不再在渭水
河边钓鱼。典出《史记·齐太公世家》："吕尚盖尝穷困，年老矣，
以渔钓奸周西伯。西伯将出猎，卜之，曰'所获非龙非彨，非虎非
罴；所获霸王之辅'。于是周西伯猎，果遇太公于渭之阳，与语大
说，曰：'自吾先君太公曰"当有圣人适周，周以兴"。子真是邪？
吾太公望子久矣。'故号之曰'太公望'，载与俱归，立为师。"既，
已，已经。周后，指周文王。后，君，王。周文王（前1152？—前
1056？），姓姬，名昌。周太王（古公亶父）之孙，王季之子，周武
王、周公旦之父；殷时为西方诸侯之长，称西伯。曾被纣囚于羑
里，后获释。在位五十年，三分天下有其二，为其子武王灭商奠
定了基础。事迹见《史记·周本纪》。太公，指西周开国功臣
姜尚，姜姓，吕氏，名尚。因周文王初得他时，说"吾太公望子久
矣"，故称"太公望"，俗称"姜太公"。辅佐周文王、武王父子，
武王时尊为师尚父。足智多谋，长于用兵。武王灭商后，封太公
望于齐，都营丘，为齐之始祖。渭（wèi）水，即渭河，发源于甘肃
省，经陕西省流入黄河。

【译文】

无对有，真实对虚无。

写赋对读书。

绿色的窗对红色的门，健壮的马对华丽的车。

春秋时期的伯乐擅长相马,唐朝诗人孟浩然喜爱骑驴。

射雁对钓鱼。

齐国的鲍叔牙能够慷慨分金,战国蔺相如可以完璧归赵。

孙绰说自己所作的《天台山赋》文辞华美,掷在地上可以发出金石撞击的声音;窦滔的妻子寄给丈夫的信是一幅锦缎,用缠绵感人的回文诗图案织成,一往情深。

没有遇到殷高宗武丁之前,傅说还是一个在傅岩服役建筑的犯人;遇到周文王之后,姜太公就舍弃了在渭水边钓鱼隐居的生活。

（二）

终对始,疾对徐①。

短褐对华裾②。

六朝对三国③,天禄对石渠④。

千字策⑤,八行书⑥。

有若对相如⑦。

花残无戏蝶,藻密有潜鱼⑧。

落叶舞风高复下⑨,小荷浮水卷还舒⑩。

爱见人长,共服宣尼休假盖⑪;恐彰己吝,谁知阮裕竟焚车⑫。

【注释】

①疾:速度快。徐:速度慢。

②短褐(hè):粗布短衣。古代贫贱者或僮竖之服。《墨子·非乐上》:"昔者齐康公兴乐万,万人不可衣短褐,不可食糠糟。"清孙诒让间诂:"短褐,即裋褐之借字。"《荀子·大略》:"衣则竖褐不完。"唐杨倞注:"竖褐,僮竖之褐,亦短褐也。"晋陶潜《五柳

先生传》："短褐穿结,箪瓢屡空,晏如也。"褐,指粗布或粗布衣。最早用葛、兽毛制成,后通常指大麻、兽毛的粗加工品,古时贫贱人穿。华裾(jū):指华丽的衣服。唐李贺《高轩过》:"华裾织翠青如葱,金环压辔摇玲珑。"裾,衣服的前后襟。

③六朝:三国吴、东晋和南朝的宋、齐、梁、陈,相继建都建康(吴名建业,今江苏南京),史称为六朝。三国:指东汉后出现的魏、蜀、吴鼎立的历史时期。从220年曹丕称帝始,到280年吴亡止。或将汉献帝在位的年代(189－220)亦计入该期。亦以指魏、蜀、吴三个国家。南朝宋裴松之《上三国志表》:"臣前被诏,使采三国异同,以注陈寿《三国志》。"

④天禄(lù):指天禄阁,汉宫中藏书阁名。汉高祖时创建,在未央宫内。《三辅黄图·未央宫》:"天禄阁,藏典籍之所。《汉宫殿疏》云:'天禄、麒麟阁,萧何造,以藏秘书,处贤才也。'"成帝、哀帝及王莽时,刘向、刘歆、扬雄等曾先后校书于此。石渠:指石渠阁,西汉皇室藏书之处,在长安未央宫殿北。《三辅黄图·阁》:"石渠阁,萧何造。其下砻石为渠以导水,若今御沟,因为阁名。所藏入关所得秦之图籍。至于成帝,又于此藏秘书焉。"

⑤千字策:宋代殿试考策论,宋神宗时期,限定字数为一千字,称为千字策。《宋史·选举志一·科目上》:"熙宁三年,亲试进士,始专以策,定著限以千字。"

⑥八行(háng)书:指书信。过去的信笺、诗笺一般有九道竖格,可以写八行。《后汉书·窦章传》:"更相推荐。"唐李贤注引汉马融《与窦伯向(章)书》曰:"孟陵奴来,赐书,见手迹,欢喜何量,见于面也。书虽两纸,纸八行,行七字。"近代多指请托的信件。

⑦有若(前508？—?):孔子弟子,春秋时期鲁国人。《史记·仲尼弟子列传》说:"有若少孔子四十三岁。"而《孔子世家·七十二弟子解》说:"有若,鲁人,字子有,少孔子三十六岁。为人强识,好

古道也。"《孟子·滕文公上》载:"子夏、子张、子游以有若似圣人,欲以所事孔子事之。"《史记·仲尼弟子列传》亦云:"孔子既没,弟子思慕,有若状似孔子,弟子相与共立为师,师之如夫子时也。"可见孔子死后一段时间内,有若在孔门弟子中位望极高,故《论语》中,孔门弟子,仅有若、曾参称有子、曾子。相如:历史上有两个名叫"相如"的大名人,一是战国时期赵国大臣蔺相如,一个是指西汉大文学家司马相如。蔺相如,见前注。司马相如(约前179—前118),字长卿,蜀郡成都(今属四川)人。汉景帝时为武骑常侍,因病免。依附梁孝王,从枚乘等游。后于临邛遇新寡家居的卓文君,携以私奔。汉武帝读相如所作《子虚赋》而善之,召为郎。后为中郎将,奉使通西南夷,有功。拜孝文园令,病免。司马相如是伟大的汉赋作家,代表作有《子虚赋》《上林赋》等。《史记》《汉书》皆为立传。

⑧藻密有潜鱼:语出《诗经·小雅·鱼藻》:"鱼在在藻,有颁其首。"毛传:"鱼以依蒲藻为得其性。"郑笺:"藻,水草也。鱼之依水草,犹人之依明王也。明王之时,鱼何所处乎? 处于藻。既得其性则肥充,其首颁然。此时人物皆得其所,正言鱼者以潜逃之类,信其著见。"藻密,指水藻密集,宜于鱼儿潜伏。宋刘克庄《春日即事六言》其二:"藻密难呼金鲫,柳疏未啭黄鹂。"潜鱼,指隐伏在水下活动的鱼儿。

⑨舞风:随风飘舞。

⑩卷还舒:卷起又展开。卷、舒,多用以形容云或树叶,也用以比喻人在社会上的进退、隐显。

⑪"爱见人长"二句:典出《孔子家语·致思》:"孔子将行,雨而无盖。门人曰:'商也有之。'孔子曰:'商之为人,甚吝于财。吾闻与人交,推其长者,违其短者,故能久也。'"孔子下雨天出门,学生建议向子夏借伞。孔子说子夏为人吝啬,如果向他借伞,而他

不愿意借,就会彰显他的吝啬。与人交往,应该彰显别人的长处而非短处。这样,友情才能长久。见(xiàn),显现,展现。宣尼,指孔子(前551—前479),名丘,字仲尼,鲁国陬邑(今山东曲阜)人。是春秋末期思想家、政治家、教育家,儒家学派创始人。先世为宋国贵族,移居鲁国。孔子曾任鲁国中都宰,官至司寇,因不满鲁国执政季桓子所为,离开鲁国而周游卫、宋、陈、蔡、齐、楚等国,皆不为所用。晚年返鲁,删定《诗》《书》,聚徒讲学,传授礼、乐,相传弟子三千,贤者七十余人。今存《论语》一书,是他和弟子的谈话记录。其学说以"仁"为核心,以"礼"为规范。汉代以后,儒家学说被奉为正统。孔子被尊为圣人,历代加封"大成至圣文宣王""至圣先师""大成至圣文宣先师"等号。休假盖,指孔子不向弟子子夏借伞一事。休,停,止。假,借。盖,伞。

⑫"恐彰(zhāng)己吝(lìn)"二句:典出《世说新语·德行》:"阮光禄在剡,曾有好车,借者无不皆给。有人葬母,意欲借而不敢言。阮后闻之,叹曰:'吾有车而使人不敢借,何以车为?'遂焚之。"阮裕为人豪爽,乐于助人。他有一辆好车,别人来借,没有不给的。有人安葬母亲,想要向阮裕借车,因为怕被拒绝而不敢开口。阮裕听后说,我有好车竟使别人不敢借,还要车作什么?于是命人把车子烧毁了。阮裕,字思旷,陈留尉氏(今河南尉氏)人。初为王敦主簿,因看出王敦有不臣之心,而终日酗酒,王敦认为他徒有虚名,令他出任溧阳令,不久以公事免官,因此免遭王敦之祸。后任尚书郎,历官临海太守、东阳太守、散骑常侍、国子祭酒,官至金紫光禄大夫,年六十二卒。《晋书》有传。

【译文】

结束对开始,快速对迟缓。

粗布短衣对华贵衣裳。

六朝对三国,天禄阁对石渠阁。

千字一篇的策论,八行一页的信笺。

孔门弟子有若对赵国名臣蔺相如。

凋零的花朵旁不再有飞舞的蝴蝶,茂密的水藻下有很多潜藏的鱼儿。

枯落的树叶在风中飞上又飞下,新生的荷叶浮在水面时卷时舒。

喜欢展现别人的长处,人们都佩服孔子不向子夏借雨伞;怕彰显自己的吝啬,谁曾想到阮裕竟然烧毁自己的马车。

（三）

麟对凤,鳌对鱼。

内史对中书①。

犁锄对耒耜②,畎浍对郊墟③。

犀角带④,象牙梳。

驷马对安车⑤。

青衣能报赦⑥,黄耳解传书⑦。

庭畔有人持短剑⑧,门前无客曳长裾⑨。

波浪拍船,骇舟人之水宿⑩;峰峦绕舍,乐隐者之山居。

【注释】

①内史:古代官名。周至隋皆有内史,但历代职能差别颇大。周代内史,协助天子管理爵禄废置等政务。见《周礼·春官·内史》。《左传·襄公十年》:"使周内史选其族嗣,纳诸霍人,礼也。"晋杜预注:"内史,掌爵禄废置者。"秦代内史,掌治理京师。汉景帝分置左右内史。汉武帝太初元年改右内史为京兆尹,左内史为左冯翊。见《汉书·百官公卿表上》。《史记·蒙恬列传》:"始皇二十六年,蒙恬因家世得为秦将,攻齐,大破之,拜为内史。"西汉初

年在诸侯王国置内史,掌民政。历代沿置,至隋始废。清钱大昕《十驾斋养新录》卷六:"汉制,诸侯王国以相治民事,若郡之有太守也。晋则以内史行太守事,国除为郡,则复称太守,然二名往往混淆,史家亦互称之。"隋文帝改中书省为内史省,置内史监、令各一员。隋炀帝改为内书省。唐高祖武德初复为内史省,三年改为中书省。后亦用以称中书省的官员。参阅《通志·职官三》《旧唐书·职官志二》。中书:既是官署名,又是官名。作为官署名,中书即中书省,为隋唐时期三省之一,负责起草发布诏令。宋代的政事堂,亦称"中书"。作为官名,中书可指中书令,亦可指中书舍人。

② 耒(lěi)耜(sì):上古时候用来翻土的农具,形状像现在的铁锹。耒是耒耜的柄,耜是耒耜下端的起土部分。《礼记·月令》:"(孟春之月)天子亲载耒耜,措之于参保介之御间。"汉郑玄注:"耒,耜之上曲也。"亦用作农具的总称。一说耒、耜为两种农具。参阅徐中舒《耒耜考》。

③ 畎浍(quǎn kuài):田间的小水沟,泛指溪流、沟渠。《尚书·益稷》:"予决九川,距四海,濬畎浍,距川。"汉郑玄注:"畎浍,田间沟也。"《汉书·李寻传》:"今汝、颍畎浍皆川水漂踊,与雨水并为民害。"唐颜师古注:"畎浍,小流也。"郊墟:郊外,村野荒丘之间。唐韩愈《符读书城南》:"时秋积雨霁,新凉入郊墟。"

④ 犀(xī)角带:用犀牛角作装饰的衣带,一般为官员专用。《宋史·舆服志五》:"太宗太平兴国七年正月,翰林学士承旨李昉等奏曰:'奉诏详定车服制度,请从三品以上服玉带,四品以上服金带,以下升朝官、虽未升朝已赐紫绯、内职诸军将校,并服红鞓金涂银排方。虽升朝着绿者,公服上不得系银带,余官服黑银方团胯及犀角带。贡士及胥吏、工商、庶人服铁角带。'"

⑤ 驷(sì)马:指驾一车的四匹马。亦指显贵者所乘的驾四匹马的

高车,表示地位显赫。唐许浑《将赴京师留题孙处士山居》诗之一:"应学相如志,终须驷马回。"安车:指古代可以坐乘的小车。古车立乘,此为坐乘,故称安车。供年老的高级官员及贵妇人乘用。高官告老还乡或征召有重望的人,往往赐乘安车。安车多用一马,礼尊者则用四马。《周礼·春官·巾车》:"安车,雕面鷖总,皆有容盖。"汉郑玄注:"安车,坐乘车。凡妇人车皆坐乘。"《汉书·张禹传》:"为相六岁,鸿嘉元年,以老病乞骸骨,上加优再三乃听许。赐安车驷马,黄金百斤,罢就第。"

⑥青衣能报赦(shè):典出《晋书·载记第十三》,传说前秦国君符坚正草拟诏书准备大赦天下,一只苍蝇绕着笔尖盘旋,驱之复还。旨意未及下达,外界竟传开了,符坚于是派人调查。都说是一个青衣人在街市上大喊"官欲大赦"。符坚于是醒悟青衣人就是之前的苍蝇。青衣,青色或黑色的衣服。汉以后,多为地位低下者所穿。此处指苍蝇。赦,即大赦,指由皇帝发布命令,赦免若干罪犯,或予以减刑。

⑦黄耳解传(chuán)书:典出《晋书·陆机传》:"初机有骏犬,名曰黄耳,甚爱之。既而羁寓京师,久无家问,笑语犬曰:'我家绝无书信,汝能赍书取消息不?'犬摇尾作声。机乃为书以竹筒盛之而系其颈,犬寻路南走,遂至其家,得报还洛。其后因以为常。"因为晋代陆机的小狗黄耳能替主人送信,后世便以"黄耳"喻指信使。书,书信。

⑧短剑:匕首。刺客惯用的兵刃。《汉书·邹阳传》:"匕首窃发。"唐颜师古注:"匕首,短剑也。其首类匕,便于用也。"旧注认为此句是荆轲刺秦王的典故,但"庭畔"与"持"等字皆难落实,今不取。

⑨门前无客曳(yè)长裾(jū):典出《汉书·邹阳传》:"臣闻交龙襄首奋翼,则浮云出流,雾雨咸集。圣王底节修德,则游谈之士归

义思名。今臣尽智毕议，易精极虑，则无国不可奸；饰固陋之心，则何王之门不可曳长裾乎？"西汉初期，邹阳在吴王刘濞门下做门客，曾上书吴王，说自己如果出卖才智事人，则天下哪个诸侯国都会给个职位；如果巧饰言行，哪个诸侯王门下不可拖着长裾逍遥自在地讨生活啊？客，门客。寄食于贵族门下并为之服务的人。曳长裾，形容拖着长裾、大摇大摆走来走去的样子。长裾，长衣，亦指长袖。

⑩水宿（sù）：指在舟中或水边过夜。《文选·（谢灵运）游赤石进帆海诗》："水宿淹晨暮，阴霞屡兴没。"唐吕延济注："水宿，宿于舟中也。"

【译文】

麒麟对凤凰，鳖对鱼。

内史对中书。

犁和锄对耒和耜，田间水沟对郊外土堆。

犀牛角装饰的衣带，象牙做成的发梳。

四匹马拉的站乘的车对一匹马拉的舒适小车。

苍蝇变的青衣人能散布符坚大赦的消息，黄耳小狗可以帮主人陆机传递家信。

庭边有手持匕首来行刺的刺客，门前没有拖着长裾大摇大摆的门客。

巨浪拍打小船，船夫在水上居住，让人惊心动魄；群峰环绕着房舍，隐士在山中的生活，令人心旷神怡。

上平七虞

【题解】

本篇共三段，皆为韵文。每段韵文，由若干句对仗的联语组成。每句皆押"平水韵"上平声"七虞"韵。

本篇每句句末的韵脚字，"珠""乌""凫""须""朱""沽""愚""壶""雏""厨""梧""炉""株""吴""夫""榆""晡""狐""须""都""衢"等，在传统诗韵（"平水韵"）里，都归属于上平声"七虞"这个韵部。这些字，在普通话里，韵母大多是"u"或"ü"；声调有读第一声的，有读第二声的。

需要注意的是：普通话"u"韵母和"ü"韵母的字，并不都属于"平水韵"上平声"七虞"韵，也有可能属于上平声"六鱼"韵。它们是邻韵，填词时可以通押，写近体诗时不可通押。

（一）

金对玉，宝对珠。

玉兔对金乌①。

孤舟对短棹②，一雁对双凫③。

横醉眼④，捻吟须⑤。

李白对杨朱⑥。

秋霜多过雁⑦，夜月有啼乌⑧。

日暖园林花易赏，雪寒村舍酒难沽⑨。

人处岭南，善探巨象口中齿⑩；客居江右⑪，偶夺骊龙颔下珠⑫。

【注释】

①玉兔：指神话中月亮里的白兔。亦代指月亮。《楚辞·天问》："厥利维何，而顾菟在腹？"汉王逸章句："言月中有菟，何所贪利，居月之腹，而顾望乎？菟，一作兔。"晋傅咸《拟〈天问〉》："月中何有？玉兔捣药。"金乌：指太阳。传说太阳中有三足金乌，所以用金乌代指太阳。《淮南子·精神训》："日中有踆乌，而月中有蟾蜍。"汉高诱注："踆，犹蹲也，谓三足乌。"东汉王充《论衡·说

日》:"儒者曰:'日中有三足乌,月中有兔、蟾蜍。'"汉刘桢《清虑赋》:"玉树翠叶,上栖金乌。"

②棹(zhào):划船用的小桨。亦指小船。

③一雁对双凫(fú):典出《古文苑·(伪)苏武别李陵诗》:"双凫俱北飞,一雁独南翔。"后人遂以"双凫一雁"为感伤离别之词。唐白居易《与元九书》:"故兴离别,则引双凫一雁为喻;讽君子小人,则引香草恶鸟为比。"凫,水鸟,俗称"野鸭",似鸭,雄的头部绿色,背部黑褐色,雌的全身黑褐色,常群游湖泊中,能飞。

④醉眼:指酒醉后迷离的眼神。古诗文习用语。唐杜甫《九日登梓州城》:"弟妹悲歌里,乾坤醉眼中。"

⑤捻(niǎn)吟须:捻着胡须思索诗句。唐卢延让《苦吟》:"吟安一个字,捻断数茎须。"

⑥李白(701—762):唐代大诗人,字太白,号青莲居士。祖籍陇西成纪(今甘肃秦安),其先人隋末窜于碎叶(今吉尔吉斯斯坦托克马克),今人多主张李白即出生于此。唐中宗神龙元年(705)随家迁居绵州昌隆县(今四川江油)清廉乡。李白在蜀中度过青少年时代,玄宗开元十二年(724)出蜀漫游,天宝元年(742)奉诏入京,供奉翰林,三载(744)赐金还山,复漫游各地。天宝末年,安禄山叛乱,李白应召入永王李璘幕府,王室内讧,李璘兵败被杀,李白受累入狱,获释不久又被定罪流放夜郎;肃宗乾元二年(759)三月于途中白帝城遇赦,返回江夏,重游洞庭、皖南。宝应元年(762)卒于当涂(今属安徽马鞍山)。因李白曾官翰林供奉,故世称"李翰林";因贺知章誉其为"天上谪仙人",后人又称其"李谪仙"。杨朱:先秦道家学派代表人物之一,战国初魏国人。又称"杨生""杨子""杨子居"。后于墨子,前于孟子。反对墨子兼爱、尚贤之说,其说主"重己""贵生",不以物累形,拔一毫而利天下不为。孟子斥为异端。著述不传,言行散见《孟子》《庄子》

《荀子》《韩非子》《吕氏春秋》等书中。

⑦秋霜多过雁：北方霜降前后有鸿雁从塞北过境南飞。《梦溪笔谈·杂志一》："北方有白雁，似雁而小，色白，秋深则来。白雁至则霜降，河北人谓之'霜信'。杜甫诗云：'故国霜前白雁来'，即此也。"胡道静校证："白雁非普通之白化个体，而为另一独立雁种，盖今称'雪雁'者是。"

⑧夜月有啼乌：月夜里听见乌鸦啼叫，倍感凄凉。《乌夜啼》为乐府旧题，又为古曲名、词牌名、曲牌名。乐府旧题《乌夜啼》，属清商曲辞《西曲歌》。《旧唐书·音乐志二》："《乌夜啼》，宋临川王义庆所作也。元嘉十七年，徙彭城王义康于豫章。义庆时为江州，至镇，相见而哭，为帝所怪，征还宅，大惧。妓妾夜闻乌啼声，扣斋阁云：'明日应有赦。'其年更为南兖州刺史，作此歌。故其和云：'笼窗窗不开。乌夜啼，夜夜望郎来。'今所传歌似非义庆本旨。"作为琴曲名的《乌夜啼》，即《乌夜啼引》，与《西曲歌》义同事异。《乐府诗集·琴曲歌辞四·乌夜啼引》引唐李勉《琴说》："《乌夜啼》者，何晏之女所造也。初，晏系狱，有二乌止于舍上。女曰：'乌有喜声，父必免。'遂撰此操。"《乌夜啼》又为唐教坊曲名，南唐后主李煜用为词牌名；又为曲牌名，属南吕宫，南北曲均有，北曲较多用，字数与词牌不同，多用在套曲中《玄鹤鸣》曲牌之后。

⑨沽（gū）：买。多指买酒。

⑩"人处岭南"二句：据说大象会精心埋藏脱落的牙齿。岭南人熟悉大象的习性，因此善于寻获珍贵的象牙。《初学记·兽部·象》引三国吴万震《南州异物志》："俗传象牙岁脱，犹爱惜之，掘地而藏之。人欲取，当作假牙潜往易之，觉则不藏故处。"岭南，指五岭以南的地区，即广东、广西一带。五岭，见前"岭北"注。齿，此处指象牙。

⑪江右：指长江下游以西地区，后来称江西省为江右。

⑫骊（lí）龙颔（hàn）下珠：出自骊龙颔下的宝珠，价值千金，很难得到。后人也用"骊珠"来形容珍贵的人或物。典出《庄子·列御寇》："河上有家贫恃纬萧而食者，其子没于渊，得千金之珠。其父谓其子曰：'取石来锻之！夫千金之珠，必在九重之渊而骊龙颔下，子能得珠者，必遭其睡也。使骊龙而寤，子尚奚微之有哉！'"骊，黑色。

【译文】

黄金对美玉，宝贝对珍珠。

月亮称玉兔对太阳号金乌。

孤舟对短桨，单飞的大雁对双飞的野鸭。

醉酒人斜着眼睛，吟诗客捻动胡须。

诗仙李白对哲人杨朱。

秋天霜降，大雁成群飞过；夜月初升，乌鸦不时啼叫。

春日和暖，园林里随处可以赏花；冬天严寒，偏僻的村舍无处可以买酒。

住在岭南的人，擅长获取长在大象口中的巨齿；住在江西的人，偶尔可以得到藏在骊龙颔下的夜明珠。

（二）

贤对圣，智对愚。

傅粉对施朱①。

名缰对利锁②，挈榼对提壶③。

鸠哺子④，燕调雏⑤。

石帐对郇厨⑥。

烟轻笼岸柳，风急撼庭梧⑦。

鸜眼一方端石砚⑧，龙涎三炷博山炉⑨。

曲沼鱼多⑩，可使渔人结网；平田兔少，漫劳耕者守株⑪。

【注释】

① 傅粉：搽粉。"傅粉何郎"典出《世说新语·容止》："何平叔美姿仪，面至白；魏明帝疑其傅粉。正夏月，与热汤饼。既啖，大汗出，以朱衣自拭，色转皎然。"南朝梁刘孝标注引《魏略》曰："晏性自喜，动静粉帛不去手，行步顾影。"施朱：指涂脂抹粉。傅粉施朱，谓打扮得很妖艳。语出战国楚宋玉《登徒子好色赋》："着粉则太白，施朱则太赤。"南朝梁费昶《行路难》诗之二："蛾眉偃月徒自妍，傅粉施朱欲何为？"北齐颜之推《颜氏家训·勉学》："梁朝全盛之时，贵游子弟，多无学术……无不熏衣剃面，傅粉施朱。"《旧唐书·张易之传》："由是兄弟俱侍宫中，皆傅粉施朱，衣锦绣服。"

② 名缰：比喻性说法，因功名能束缚人，故称"名缰"。汉东方朔《与友人书》："不可使尘网名缰拘锁，怡然长笑，脱去十洲三岛，相期拾瑶草，吞日月之光华，共轻举耳！"利锁：比喻性说法，因利益能束缚人，故称"利锁"。名缰利锁，谓功名利禄如束缚人的缰绳和锁链。宋柳永《夏云峰》："向此免、名缰利锁，虚费光阴。"

③ 挈（qiè）榼（kē）：提着酒壶或食盒。挈，提。榼，古代用来盛酒的器具，亦泛指盒一类的器物。唐白居易《长斋月满寄思黯》："明朝斋满相寻去，挈榼抱衾同醉眠。"提壶：提着酒壶。晋陶潜《游斜川》："提壶接宾侣，引满更献酬。"

④ 鸠哺（bǔ）子：鸠鸟哺育孩子。据说鸤鸠喂食雏鸟，早上从大的开始喂，晚上从小的开始喂。典出《诗经·曹风·鸤鸠》："鸤鸠在桑，其子七兮。"毛传："鸤鸠之养其子，朝从上下，莫从下上，平均如一。"后世遂以"鸠哺"比喻慈母养育之恩。明吾丘瑞《运甓

记·翦逆闻丧》："半生鸠哺，一旦乌伤，难见我的慈亲面也。"

⑤燕调（tiáo）雏（chú）：燕子训练幼鸟学飞。调，调教，训练。雏，幼鸟。宋周密《浣溪沙》："花径日迟蜂课蜜，杏梁风软燕调雏。"旧注引《竹溪闲话》："燕雏将长，其母调之使飞。"

⑥石帐：指石崇的锦步障。西晋石崇，为了炫富，曾经用织锦做步帐五十里。《世说新语·汰侈》："王君夫以粃糒澳釜，石季伦用蜡烛作炊。君夫作紫丝布步障碧绫裹四十里，石崇作锦步障五十里以敌之。石以椒为泥，王以赤石脂泥壁。"后人遂以"石帐"代指装饰奢华。石崇（249—300），字季伦，因生于青州，故小名齐奴，渤海南皮（今属河北沧州）人。大司马石苞子。因伐吴有功，封安阳乡侯。晋惠帝时，任南中郎将、荆州刺史，领南蛮校尉，加鹰扬将军，因劫掠往来商客而致富。后任太仆、征虏将军、卫尉等职；与潘岳等谄事外戚贾谧，号为"二十四友"。永康元年（300），贾后、贾谧被赵王伦所杀，中书令孙秀诬陷石崇谋反，赵王伦矫诏杀石崇及其外甥欧阳建。石崇性情豪放奢靡，曾于河阳置金谷别馆，富甲天下；又曾与贵戚王恺（字君夫）斗富。石崇有宠妓名绿珠，孙秀求之不与，石崇被捕时，绿珠跳楼而死。郇（xún）厨："郇公厨""郇国厨"的简称。唐代韦陟，袭封郇国公。生活奢靡，厨中多美味佳肴。唐冯贽《云仙杂记》卷三："韦陟厨中，饮食之香错杂，人入其中，多饱饫而归。语曰：'人欲不饭筋骨舒，夤缘须入郇公厨。'"后因以"郇公厨"称膳食精美。

⑦撼（hàn）：摇动。

⑧鸜（qú）眼：即鸲鹆（qú yù）眼，指石上的圆形斑点。端砚以有鸲鹆眼者为名贵。故"鸜眼"亦借指砚台。鸜，鸜鹆，又作"鸲鹆"，即八哥，见前注。宋朱敦儒《西江月》："琴上金星正照，砚中鸜眼相青。"《剪灯余话·武平灵怪录》："尝擅文房四宝称，尽夸鸲眼胜金星。"旧注引《矶谱》："端溪矶石有鸜鹆眼。"端石砚：即端

砚。因产于唐代端州（今广东肇庆）而得名,是中国四大名砚之一,与甘肃洮砚、安徽歙砚、山西澄泥砚齐名。清屈大均《广东新语·石语·端石》对端砚的矿坑有详细记载,屡屡提及鸲鹆眼,如:"相传下岩旧坑卵石,色黑如漆,细润有眼,眼中有晕,或六七眼相连。扣之清越,研之无声,着墨不热无泡,良久微浸,若油艳发,此至庆历间已少。中岩在山半,名半边岩。其卵石紫嫩肝色,细润有眼,小如绿豆,有条纹或白或绿,扣之及研皆无声。外有黄膘包络,久用锋芒不退,宋时此坑取之亦竭矣。中岩新坑,石色淡紫,眼如鸲鹆,有晕。其嫩者扣之无甚声,磨墨有微声,久用锋芒退乏,此不及下岩远甚。上岩旧坑有青紫,新坑石皆灰色,紫而粗燥,眼如鸡眼大,扣之磨墨皆无声,有松板纹。久用光如镜面,比中岩又远不及。"

⑨龙涎(xián):即龙涎香,是抹香鲸病胃的分泌物。类似结石,从鲸体内排出,漂浮海面或冲上海岸。为黄、灰乃至黑色的蜡状物质,香气持久,是极名贵的香料。宋刘过《沁园春·美人指甲》:"见凤鞋泥污,偎人强剔,龙涎香断,拨火轻翻。"博山炉:香炉名。因炉盖上的造型似传闻中的海中名山博山而得名。一说象华山,因秦昭王与天神博于是,故名。后作为名贵香炉的代称。《西京杂记》卷一:"长安巧工丁缓者……又作九层博山香炉,镂为奇禽怪兽,穷诸灵异,皆自然运动。"

⑩曲沼(qū zhǎo):曲池,曲折迂回的池塘。北魏杨炫之《洛阳伽蓝记·冲觉寺》:"斜峰入牖,曲沼环堂,树响飞嘤。"

⑪漫劳:徒劳,空使。耕者守株(zhū):典出《韩非子·五蠹》:"宋人有耕者,田中有株,兔走触株,折颈而死,因释其耒而守株,冀复得兔,兔不可复得,而身为宋国笑。"说有个宋国人,耕地的时候,遇见一只兔子撞在地里的树桩上撞死了,于是他便一直在树桩那里等,希望能再次捡到兔子。成语"守株待兔"就是由此而

来,比喻死守狭隘经验,不知变通。汉王充《论衡·宣汉》:"以已
至之瑞,效方来之应,犹守株待兔之蹊,藏身破罝之路也。"亦用
以比喻妄图不劳而获。株,指露出地面的树根,俗称树桩。

【译文】

贤德对崇高,聪明对愚笨。

扑白粉对抹胭脂。

名声是束缚人的绳子对利益是拘束人的锁,拿着食盒对手提酒壶。

鸠鸟喂养幼子,燕子训练幼鸟。

西晋石崇的锦帐对唐代韦陟的厨房。

烟气淡淡笼罩着河两岸的柳树,大风剧烈吹摇院中的梧桐树。

一方端州产的带鸲鹆眼斑点的砚台,插着三炷龙涎香的博山炉。

曲折的池塘里鱼很多,可让渔夫撒网捕鱼;平坦的田野里野兔很
少,空使农夫在树边等待。

（三）

秦对赵①,越对吴②。

钓客对耕夫③。

箕裘对杖履④,杞梓对桑榆⑤。

天欲晓,日将晡⑥。

狡兔对妖狐⑦。

读书甘刺股⑧,煮粥惜焚须⑨。

韩信武能平四海⑩,左思文足赋三都⑪。

嘉遁幽人⑫,适志竹篱茅舍⑬;胜游公子⑭,玩情柳陌花衢⑮。

【注释】

①秦:古国名。嬴姓,相传是伯益的后代。在今陕西和甘肃一带。

秦襄公始立国，孝公时，成为战国七雄之一。秦王政时统一天下，建立秦王朝。赵：古国名。战国七雄之一。在今山西北部、河北西部和南部一带。后为秦所灭。

②越：古国名。也称"於越"，姒姓，相传始祖为夏少康庶子无余。封于会稽。春秋末，越王句践卧薪尝胆，终灭强吴，称霸一时；战国时，为楚所灭。吴：古国名。相传为周太王长子太伯所建，在今江苏南部和浙江北部，后扩展至淮河下游一带。春秋末年，吴王阖闾及其子夫差时期，盛极一时，为天下霸主，后被越王句践所灭。

③钓客：垂钓的人。古诗文习用语。唐薛能《边城寓题》："蚕市归农醉，渔舟钓客醒。"

④箕裘（jī qiú）：指继承父业。《礼记·学记》："良冶之子，必学为裘；良弓之子，必学为箕。"唐孔颖达疏："积世善冶之家，其子弟见其父兄世业锤铸金铁，使之柔合以补治破器，皆令全好，故此子弟仍能学为袍裘，补续兽皮，片片相合，以至完全也……善为弓之家，使干角挠屈调和成其弓，故其子弟亦睹其父兄世业，仍学取柳和软挠之成箕也。"良冶、良弓，指善于冶金、造弓的人。意谓子弟由于耳濡目染，往往继承父兄之业。后因以"箕裘"比喻祖上的事业。杖履（lǚ）：对老人的敬称。古代礼仪，五十岁的老人得扶杖；又古人入室必脱鞋于外，而长者可入室而后脱鞋。所以杖履为敬老之词。宋苏轼《夜坐与迈联句》："乐哉今夕游，复此陪杖履。"

⑤杞（qǐ）梓（zǐ）：杞树和梓树，都是优良木材。比喻优秀人才。典出《左传·襄公二十六年》："晋卿不如楚，其大夫则贤，皆卿材也。如杞梓、皮革，自楚往也。虽楚有材，晋实用之。"晋杜预注："杞、梓，皆木名。"《晋书·陆机陆云传论》："观夫陆机、陆云，实荆衡之杞梓，挺珪璋于秀实，驰英华于早年。"宋司马光《送李汝臣同年谪官导江主簿》："良工构明堂，必不遗杞梓。"桑榆（yú）：

桑树与榆树。日落时光照桑榆树端，因以指日暮。又以比喻事情的靠后阶段，或比喻晚年。《太平御览》卷三引《淮南子》："日西垂，景在树端，谓之桑榆。"《后汉书·冯异传》："始虽垂翅回谿，终能奋翼黾池。可谓失之东隅，收之桑榆。"

⑥日将（jiāng）晡（bū）：指天快晚了。日晡，又作"日铺"，是古人计时用语。因古人申时而食，故指申时。申时，相当于现代计时的下午三时至五时。《史记·吕太后本纪》："日晡时，遂击产，产走。"

⑦狡（jiǎo）兔：古人因为野兔善于藏身，故称之为"狡兔"。"狡兔三窟"典出《战国策·齐策四》："狡兔有三窟，仅得免其死耳；今君有一窟，未得高枕而卧也；请为君复凿二窟。"后以"狡兔三窟"喻藏身处多，便于避祸。"狡兔死，走狗烹"典出《史记·越王句践世家》："范蠡遂去，自齐遗大夫种书曰：'蜚鸟尽，良弓藏；狡兔死，走狗烹。越王为人长颈鸟喙，可与共患难，不可与共乐。子何不去？'种见书，称病不朝。"《史记·淮阴侯列传》："上令武士缚信，载后车。信曰：'果若人言，"狡兔死，良狗亨；高鸟尽，良弓藏；敌国破，谋臣亡"。天下已定，我固当亨！'上曰：'人告公反。'遂械系信。至雒阳，赦信罪，以为淮阴侯。"又，"牵黄犬，逐狡兔"，比喻逍遥自在的生活。典出《史记·李斯列传》："（秦）二世二年七月，具斯五刑，论腰斩咸阳市。斯出狱，与其中子俱执，顾谓其中子曰：'吾欲与若复牵黄犬俱出上蔡东门逐狡兔，岂可得乎！'遂父子相哭，而夷三族。"妖狐：古人认为狐狸妖媚，故称"妖狐"。用以比喻淫荡、诌媚的女子；或谓以阴柔手段迷惑人。《晋书·石勒载记下》："大丈夫行事当礌礌落落，如日月皎然，终不能如曹孟德、司马仲达父子，欺他孤儿寡妇，狐媚以取天下也。"唐骆宾王《代李敬业以武后临朝移诸郡县檄》："掩袂工谗，狐媚偏能惑主。"

⑧刺股（gǔ）：典出《战国策·秦策一》："（苏秦）乃夜发书，陈箧数

十,得《太公阴符》之谋,伏而诵之,简练以为《揣摩》。读书欲睡,引锥自刺其股,血流至足,曰:'安有说人主,不能出其金玉锦绣、取卿相之尊者乎?'期年,《揣摩》成,曰:'此真可以说当世之君矣。'"战国时策士苏秦游说秦王,上书十次,未被采用,资用乏绝,归家发愤读书。每当夜里犯困的时候,就用锥子刺自己的大腿。后因以"刺股"指勤学苦读。

⑨焚须:典出《新唐书·李勣传》:"(勣)性友爱,其姊病,尝自为粥而燎其须。姊戒止。答曰:'姊多疾,而勣且老,虽欲数进粥,尚几何?'"唐代开国功臣李勣的姐姐生病,他亲自为姐姐煮粥,煮粥的时候,胡须被炉火烧到而不惜。后因以"煮粥焚须"喻手足之爱。

⑩韩信(？—前196):西汉开国大臣,著名军事家,淮阴(今江苏淮安)人。韩信早年家贫,常从人寄食,曾受胯下之辱。秦末参加项羽部队,因不受重用,改投刘邦,被拜为大将军。楚汉战争中,刘邦采纳他的建议,攻占关中。刘邦、项羽在荥阳相持时,他率军袭击项羽侧翼,占据黄河下游地区。后被刘邦封为齐王。前202年于垓下(今安徽灵璧南)击灭项羽。楚汉战争结束后,被解除兵权,降为淮阴侯。后被吕后设计诱杀。平四海:指平定天下。四海,古人认为中国四境有海环绕,各按方位为"东海""南海""西海"和"北海",但亦因时而异,说法不一。《尚书·益稷》:"予决九川,距四海。"《孟子·告子下》:"禹之治水,水之道也,是故禹以四海为壑。"遂以四海指天下、全国各处。《尚书·大禹谟》:"文命敷于四海,祗承于帝。"《史记·高祖本纪》:"大王起微细,诛暴逆,平定四海,有功者辄裂地而封王侯。"

⑪左思(250？—305？):字太冲,齐国临淄(今山东淄博)人。西晋文学家。后人辑有《左太冲集》。赋三都:指左思曾作《三都赋》。三都,指蜀都、吴都、魏都。《晋书·文苑传》载左思用十年时间,

精心撰写《三都赋》，得当时名流皇甫谧揄扬，名声大作，"于是豪贵之家竞相传写，洛阳为之纸贵"。

⑫嘉遁（dùn）：旧时谓合乎正道的退隐，合乎时宜的隐遁。《周易·遁》："嘉遁贞吉，以正志也。"《三国志·魏志·管宁传》："在乾之姤，匿景藏光，嘉遁养浩，韬韫儒墨，潜化傍流，畅于殊俗。"幽人：幽隐之人，隐士。《周易·履》："履道坦坦，幽人贞吉。"唐孔颖达疏："幽人贞吉者，既无险难，故在幽隐之人守正得吉。"《后汉书·逸民传序》："光武侧席幽人，求之若不及。"

⑬适志：指舒适自得。《庄子·齐物论》："昔者庄周梦为胡蝶，栩栩然胡蝶也，自喻适志与。"晋郭象注："自快得意，悦豫而行。"竹篱茅舍：常指乡村中因陋就简的屋舍，诗文中多代指隐士居所。宋王安石《清平乐》："云垂平野，掩映竹篱茅舍。"

⑭胜游：快意的游览。唐刘禹锡《奉和裴侍中将赴汉南留别座上诸公》："管弦席上留高韵，山水途中入胜游。"金元好问《探花词》："美酒清歌结胜游，红衣先为渚莲愁。"

⑮玩情：同寄情、怡情。柳陌（mò）花衢（qú）：同"柳巷花街"，喻指妓院或妓院聚集之处。宋孟元老《〈东京梦华录〉序》："新声巧笑于柳陌花衢，按管调弦于茶坊酒肆。"宋罗烨《醉翁谈录·柳屯田耆卿》："至今柳陌花衢，歌姬舞女，凡吟咏讴唱，莫不以柳七官人为美谈。"陌，本为东西向的田间小路，亦泛指街道。衢，四通八达的大街。

【译文】

秦国对赵国，越国对吴国。

渔父对农夫。

继承父业用"箕裘"对尊敬长者用"杖履"，"杞梓"指少年才俊对"桑榆"指暮年老迈。

天快要亮了，太阳即将落山。

狡猾的兔子对妖媚的狐狸。

苏秦读书,甘心用锥子刺自己的腿;李勣煮粥,不怕火苗烧到自己的胡须。

韩信勇武有谋可以平定天下,左思文才超群能够写出《三都赋》。

适时隐退的人,喜欢隐居在竹篱茅舍过遂心自在的生活;热衷游乐的贵族子弟,整天游荡在花街柳巷嬉戏玩乐。

上平八齐

【题解】

本篇共三段,皆为韵文。每段韵文,由若干句对仗的联语组成。每句皆押"平水韵"上平声"八齐"韵。

本篇每句句末的韵脚字,"溪""堤""鸡""西""霓""嘶""齐""啼""泥""圭""鼙""梯""栖""妻""犀""低""闺"等,在传统诗韵("平水韵")里,都归属于上平声"八齐"这个韵部。这些字,在普通话里,韵母大多含"i",有的是"i",有的是"ui";声调有读第一声的,有读第二声的。

需要注意的是:普通话"i"韵母的字,并不都属于"平水韵"上平声"八齐"韵;也有可能属于上平声"四支"韵、"五微"韵、"十灰"韵。它们属于邻韵,填词时可以通押,写近体诗时不可通押。

（一）

岩对岫①,涧对溪。

远岸对危堤②。

鹤长对凫短③,水雁对山鸡。

星拱北④,月流西⑤。

汉露对汤霓⑥。

桃林牛已放⑦,虞坂马长嘶⑧。

叔侄去官闻广、受⑨，弟兄让国有夷、齐⑩。

三月春浓，芍药丛中蝴蝶舞；五更天晓，海棠枝上子规啼⑪。

【注释】

①岫（xiù）：山谷，亦可指峰峦。

②危堤：指高高的水坝。因高而显得危险。

③鹤长：指鹤的腿很长。凫（fú）短：指野鸭的腿很短。凫，野鸭。《庄子·骈拇》："凫胫虽短，续之则忧；鹤胫虽长，断之则悲。"后用"鹤长凫短"比喻事物各有特点，并不整齐划一。

④拱（gǒng）北：拱卫北极星。语本《论语·为政》："为政以德，譬如北辰，居其所，而众星共之。"后因以喻拱卫君王或四裔归附。唐罗邺《春晚渡河有怀》："万里山河星拱北，百年人事水归东。"

⑤月流西：指月亮向西偏斜。流西，指日月星辰向西运行。中国古人称日月星辰运行皆为"西流"。魏曹丕《燕歌行》其一："明月皎皎照我床，星汉西流夜未央。"晋刘琨《重赠卢谌诗》："功业未及建，夕阳忽西流。"晋傅玄《两仪诗》："日月西流景东征。"唐金立之《秋夕》："寒露已催鸿北去，火云渐散月西流。"

⑥汉露：汉武帝迷信神仙，在建章宫筑神明台，立铜仙人舒掌捧铜盘承接甘露，想要服食长生。《汉书·郊祀志上》载汉武帝："其后又作柏梁、铜柱、承露仙人掌之属矣。"唐颜师古注："《三辅故事》云：'建章宫承露盘高二十丈，大七围，以铜为之，上有仙人掌承露，和玉屑饮之。'"汤霓（ní）：成汤征伐天下，百姓期待他就好像大旱的时候盼望看见雨前云彩和雨后彩虹一样。《孟子·梁惠王下》："民望之，若大旱之望云霓也。"汉赵岐注："霓，虹也，雨则虹见，故大旱而思见之。"宋孙奭疏："云霓，虹也。"

⑦桃林：古地区名。在今河南灵宝以西、陕西潼关以东地区。周武

王克商之后,将战马放归华山之南,将运载辎重的牛放归桃林郊野,以示不再动用武力。《尚书·武成》:"乃偃武修文,归马于华山之阳,放牛于桃林之野,示天下弗服。"(伪)孔传:"山南曰阳,桃林在华山东,皆非长养牛马之地,欲使自生自死,示天下不复乘用。"《史记·留侯世家》:"放牛桃林之阴,以示不复输积。"唐刘禹锡《述旧贺迁寄陕虢孙常侍》:"关头古塞桃林静,城下长河竹箭回。"

⑧虞(yú)坂:古地名。在今山西平陆一带。《初学记·州郡部》:"《战国策》曰:骐骥驾盐车上虞坂。今按:在安邑县界。"按:传世本《战国策》,"虞坂"作"太行"。《战国策·楚策四·汗明见春申君》:"汗明曰:'君亦闻骥乎? 夫骥之齿至矣,服盐车而上太行。蹄申膝折,尾湛胕溃,漉汁洒地,白汗交流;中阪迁延,负辕不能上。伯乐遭之,下车,攀而哭之,解纻衣以幂之。骥于是俯而喷,仰而鸣,声达于天,若出金石声者,何也? 彼见伯乐之知己也。'"伯乐一日路过虞坂,见到一匹成年千里马因为主人不识货而被用来拉盐车,眼看这匹马步履艰难,伯乐不由上前抱住马脖子,失声痛哭,那匹马也仰天长嘶,似乎是找到了知音。

⑨叔侄去官闻广、受:《汉书·隽疏于薛平彭传》:"广谓受曰:'吾闻"知足不辱,知止不殆","功遂身退,天之道也"。今仕官至二千石,宦成名立,如此不去,惧有后悔,岂如父子相随出关,归老故乡,以寿命终,不亦善乎?'受叩头曰:'从大人议。'即日父子俱移病。满三月赐告,广遂称笃,上疏乞骸骨。上以其年笃老,皆许之,加赐黄金二十斤,皇太子赠以五十斤。公卿大夫故人邑子设祖道,供张东都门外,送者车数百两,辞决而去。及道路观者皆曰:'贤哉二大夫!'或叹息为之下泣。"疏广做太子太傅,他的侄儿疏受做太子少傅,疏广对侄子说:我听说人要是懂得满足就不会受辱,如果知道适可而止就不会困顿,"功成身退"是天道,如

今我们身居高位,功成名就,如果还赖着不走,恐怕有祸,不如早点归隐故乡。侄子深表赞同,于是双双辞官而去。去官,辞官。广、受,指汉代疏广、疏受叔侄。

⑩弟兄让国有夷(yí)、齐:《史记·伯夷列传》:"伯夷、叔齐,孤竹君之二子也。父欲立叔齐,及父卒,叔齐让伯夷。伯夷曰:'父命也。'遂逃去。叔齐亦不肯立而逃之。国人立其中子。"孤竹君要立叔齐为君,孤竹君死后,叔齐要让位给伯夷,伯夷不同意,说这是父亲的意思,并且逃走了。叔齐不愿为君,也逃走了。后来二人双双不食周粟,饿死在首阳山。让国,让出国君之位。夷、齐,指伯夷、叔齐,是殷商末年孤竹君的两个儿子。

⑪子规啼:子规是杜鹃鸟的别名。传说子规为蜀帝杜宇的魂魄所化,常夜鸣,声音凄切,故借以抒悲苦哀怨之情。《埤雅·释鸟》:"杜鹃,一名子规。"唐杜甫《子规》:"两边山木合,终日子规啼。"

【译文】

岩石对山洞,山涧对溪流。

远处的河岸对高高的堤坝。

长腿的仙鹤对短腿的野鸭,栖息水草的大雁对觅食山林的野鸡。

众星环绕北极,月亮向西落下。

汉武帝用金茎玉盘接露水,百姓像久旱盼雨云一样期待商汤。

桃林郊野可见周武王放归的军中载重的牛,千里马在虞坂看到伯乐后放声嘶鸣。

汉朝疏广、疏受叔侄两人一同辞官归隐,商周之际的伯夷、叔齐两兄弟互相推让国君的位子。

三月里春光正好,蝴蝶在芍药丛中飞舞;五更时天色将明,杜鹃鸟在海棠树枝上鸣叫。

(二)

云对雨,水对泥。

白璧对玄圭^①。

献瓜对投李^②，禁鼓对征鼙^③。

徐稚榻^④，鲁班梯^⑤。

凤翥对鸾栖^⑥。

有官清似水^⑦，无客醉如泥^⑧。

截发惟闻陶侃母^⑨，断机只有乐羊妻^⑩。

秋望佳人，目送楼头千里雁；早行远客，梦惊枕上五更鸡^⑪。

【注释】

①白璧：平圆形中间有孔的白玉，古代在典礼时用作礼器，亦可作饰物。《管子·轻重甲》：“禺氏不朝，请以白璧为币乎？”玄圭（xuán guī）：一种黑色的玉器，上尖下方，古代用以赏赐建立特殊功绩的人。《尚书·禹贡》：“禹锡玄圭，告厥成功。”（伪）孔传：“玄，天色，禹功尽加于四海，故尧赐玄圭以彰显之，言天功成。”宋蔡沈集传：“水色黑，故圭以玄云。”《汉书·王莽传上》：“伯禹锡玄圭，周公受郊祀，盖以达天之使，不敢擅天之功也。”

②献瓜：用陆贽谏止唐德宗赏路献瓜果者官典故。《新唐书》及《资治通鉴》皆载此事。《新唐书·陆贽传》：“道有献瓜果者，帝嘉其意，欲授以试官。贽曰：‘爵位，天下公器，不可轻也。’”《资治通鉴》：“上在道，民有献瓜果者，上欲以散试官授之，访于陆贽，贽上奏，以为：‘爵位恒宜慎惜，不可轻用。起端虽微，流弊必大。献瓜果者，止可赐以钱帛，不当酬以官。’”投李：典出《诗经·卫风·木瓜》：“投我以木李，报之以琼玖，匪报也，永以为好也。”后用“投李”比喻赠人礼物。

③禁鼓：见前注。征鼙（pí）：出征的鼓声，亦比喻战事。鼙，战鼓。

前蜀毛文锡《甘州遍》词之二："边声四起,愁闻戍角与征鼙。"

④徐稚(zhì)榻(tà):典出《后汉书·徐稚传》:"徐稚字孺子,豫章
南昌人也。家贫,常自耕稼,非其力不食。恭俭义让,所居服其
德。屡辟公府,不起。时陈蕃为太守,以礼请署功曹,稚不免之,
既谒而退。蕃在郡不接宾客,唯稚来特设一榻,去则县之。"徐稚
(97—168),字孺子,豫章南昌(今属江西)人。家贫,而以贤德闻
名。陈蕃做豫章太守时,曾经专门为他准备了一张榻,徐稚走后
就把榻悬挂起来。"徐稚榻"后用作礼贤下士之典。榻,狭长而
较矮的床形坐具。

⑤鲁班梯:《墨子·公输盘》:"公输盘为楚造云梯之械,成,将以攻
宋。子墨子闻之,起于齐,行十日十夜而至于郢,见公输盘。"鲁
班即公输盘,春秋末期鲁国人,曾经为楚国制造云梯以便进攻宋
国,被墨子阻止。

⑥凤翥(zhù):凤凰飞舞。翥,鸟向上高飞。多搭配二字,作成语
用。"凤翥龙翔",形容姿态优美。"凤翥鸾翔",形容女子婚姻美
满。鸾(luán)栖:鸾鸟栖止。比喻贤士在位。《晋书·符坚载记
上》:"百姓歌之曰:'长安大街,夹树杨槐。下走朱轮,上有鸾栖。
英彦云集,诲我萌黎。'"又与"凤食"二字搭配,而为成语"凤食鸾
栖"。鸾凤非竹实不食,非梧桐不栖。比喻高位或帝位。

⑦清似水:形容为官清廉,内心清白。典出《汉书·郑崇传》:"崇
又以董贤贵宠过度谏,由是重得罪。数以职事见责,发疾颈痈,
欲乞骸骨,不敢。尚书令赵昌佞谄,素害崇,知其见疏,因奏崇与
宗族通,疑有奸,请治。上责崇曰:'君门如市人,何以欲禁切主
上?'崇对曰:'臣门如市,臣心如水。愿得考覆。'上怒,下崇狱,
穷治,死狱中。"西汉尚书仆射郑崇因汉哀帝欲大肆封赏外戚而
多次进谏,得罪哀帝与权贵,汉哀帝责问郑崇说:"到你家门前求
见的人多得好比市场的人,你凭什么要阻止君上行事呢?"郑崇

回答说："臣门如市，臣心如水。"

⑧醉如泥：醉得瘫成一团，扶都扶不住。形容大醉的样子。语本《汉官仪》载周泽事。《后汉书·儒林传下·周泽》"（永平）十二年，以泽行司徒事，如真。泽性简，忽威仪，颇失宰相之望。数月，复为太常。清洁循行，尽敬宗庙。常卧疾斋宫，其妻哀泽老病，窥问所苦。泽大怒，以妻干犯斋禁，遂收送诏狱谢罪。当世疑其诡激。时人为之语曰：'生世不谐，作太常妻，一岁三百六十日，三百五十九日斋。'"唐李贤注："《汉官仪》此下云：'一日不斋醉如泥。'"《初学记·职官部下》引汉应劭《汉官（仪）》曰："北海周泽为太常，恒斋。其妻怜其年老疲病，窥内问之。泽大怒，以为干斋。掾吏叩头争之，不听，遂收送诏狱，并自劾。论者非其激发。谚曰：'居代不谐，为太常妻。一岁三百六十日，三百五十九日斋。一日不斋，醉如泥。既作事，复低迷。'"《艺文类聚·职官部》《太平御览》亦皆引之，而文字稍有出入。

⑨截发惟闻陶侃（kǎn）母：晋代陶侃的母亲因为家贫，曾经剪断头发卖钱，用来招待陶侃的朋友。典出《晋书·列女传》："陶侃母湛氏，豫章新淦人也。初，侃父丹娉为妾，生侃，而陶氏贫贱，湛氏每纺绩资给之，使交结胜己。侃少为寻阳县吏，尝监鱼梁，以一坩鲊遗母。湛氏封鲊及书，责侃曰：'尔为吏，以官物遗我，非惟不能益吾，乃以增吾忧矣。'鄱阳孝廉范逵寓宿于侃，时大雪，湛氏乃彻所卧新荐，自锉给其马，又密截发卖与邻人，供肴馔。逵闻之，叹息曰：'非此母不生此子！'侃竟以功名显。"陶侃（259—334），字士行，祖籍鄱阳（今江西都昌），徙居浔阳（今江西九江）。东晋名将，官至荆、江二州刺史，都督八州军事，封长沙郡公，卒谥桓，追赠大司马。是东晋大诗人陶渊明的曾祖父。

⑩断机只有乐（yuè）羊妻：东汉乐羊曾经远游求学，一年之后就回来了，妻子问他原因，他说是因为想家。妻子于是拿刀割断了织

机上的布匹,说他外出求学,还没学成就回来,就好像把没织完的布割断一样。乐羊感到十分惭愧,于是重新回去苦读,七年不归,终于成就学业。典出《后汉书·列女传》:"河南乐羊子之妻者,不知何氏之女也。羊子尝行路,得遗金一饼,还以与妻,妻曰:'妾闻志士不饮盗泉之水,廉者不受嗟来之食,况拾遗求利,以污其行平!'羊子大惭,乃捐金于野,而远寻师学。一年来归,妻跪问其故。羊子曰:'久行怀思,无它异也。'妻乃引刀趋机而言曰:'此织生自蚕茧,成于机杼,一丝而累,以至于寸,累寸不已,遂成丈匹。今若断斯织也,则捐失成功,稽废时月。夫子积学,当日知其所亡,以就懿德。若中道而归,何异断斯织乎?'羊子感其言,复还终业,遂七年不反。妻常躬勤养姑,又远馈羊子。"断机,截断织布机上的布匹。

⑪五更鸡:五更时报晓的鸡鸣。汉郭宪《洞冥记》卷三:"有司夜鸡,随鼓节而鸣不息,从夜至晓,一更为一声,五更为五声。亦曰五时鸡。"

【译文】

云对雨,水对泥。

洁白的玉璧对乌黑的玉圭。

献上木瓜对赠送李子,皇城里晚上禁止通行的鼓对军队出征时敲的战鼓。

陈蕃专为徐稚设的坐榻,鲁班为楚国造的云梯。

凤凰高飞对鸢鸟栖息。

为官一方,理当清廉似水;无客来访,不妨烂醉如泥。

剪头发换酒菜来招待客人的,只听说陶侃的母亲曾这样做过;剪断织机上的布劝导丈夫专心求学的,也只有东汉乐羊的妻子。

秋天在高楼上眺望远方的女子,目送大雁向千里之外飞去;准备早起赶远路的行人,五更时被报晓的鸡鸣声从梦中惊醒。

（三）

熊对虎，象对犀①。

霹雳对虹霓②。

杜鹃对孔雀③，桂岭对梅溪④。

萧史凤⑤，宋宗鸡⑥。

远近对高低。

水寒鱼不跃，林茂鸟频栖。

杨柳和烟彭泽县⑦，桃花流水武陵溪⑧。

公子追欢⑨，闲骤玉骢游绮陌⑩；佳人倦绣⑪，闷欹珊枕掩香闺⑫。

【注释】

①犀（xī）：犀牛。

②霹雳（pī lì）：又急又响的雷。汉枚乘《七发》："其根半死半生，冬则烈风漂霰飞雪之所激也，夏则雷霆霹雳之所感也。"虹霓（ní）：为雨后或日出、日没之际天空中所现的七色圆弧。常有内外二环，内环称虹，也称"正虹""雄虹"；外环称霓，也称"副虹""雌虹"或"雌霓"。战国楚宋玉《高唐赋》："仰视山颠，肃何千千，炫耀虹霓。"

③杜鹃：鸟名。又名杜宇、子规。相传为古蜀王杜宇之魂所化。春末夏初，常昼夜啼鸣，其声哀切。南朝宋鲍照《拟行路难》诗之六："中有一鸟名杜鹃，言是古时蜀帝魂。其声哀苦鸣不息，羽毛憔悴似人髡。"也是花名。又名映山红、红踯躅。唐李绅《新楼诗·杜鹃楼》："杜鹃如火千房拆，丹槛低看晚景中。"明胡震亨《唐音癸签·诂笺五》："润州鹤林寺杜鹃，今俗名映山红，又名红踯躅者，此花在江东，弥山亘野，殆与榛莽相仍。"

④桂岭：古地名。因山岭多桂而得名。隋开皇十八年（598），改兴安县为桂岭县，属贺州郡，唐代袭用。地当今广西壮族自治区贺州八步区桂岭镇。又，唐人常将"桂阳岭"简称"桂岭"，刘禹锡《度桂岭歌》："桂阳岭，下下复高高。人稀鸟兽骇，地远草木豪。寄言千金子，知余歌者劳。"又，唐诗中常提及"小桂岭"，刘禹锡《送僧方及南谒柳员外》："南登小桂岭，却望归塞鸿。"梅溪：旁植梅树的溪水。宋范成大《天平先陇道中时将赴新安椽》："霜桥冰涧净无尘，竹坞梅溪未放春。"梅溪作为小溪名及地名，也很常见，有多处。宋人卫宗武有《过安吉梅溪二首》诗，此梅溪即今浙江湖州安吉梅溪镇。宋人王十朋号梅溪，则因其生于温州乐清（今浙江乐清）四都左原梅溪村。

⑤萧（xiāo）史：春秋时期秦国人，善于吹箫，曾经教秦穆公的女儿弄玉吹箫，两人结成夫妻，曾经吹箫引来凤凰，穆公为他们建造了凤台使他们居住，后来两人乘着凤凰飞走了。《艺文类聚·灵异部上》引《列仙传》曰："萧史，秦缪公时，善吹箫，能致白鹄孔雀。公女字弄玉，好之，以妻焉，遂教弄玉作凤鸣。居数十年，凤皇来止其屋。为作凤台，夫妇止其上，不下数年，一旦皆随凤皇飞去。故秦氏作凤女祠，雍宫世有箫声。"

⑥宋宗：指晋代兖州刺史宋处宗，他曾经得到一只长鸣鸡，把鸡装在笼子里放在窗前，时间长了，鸡竟然能与人讲话，而且言谈很高妙，处宗的学问因此而大有长进。后人就用"鸡窗"来代指读书窗。《艺文类聚·鸟部》引《幽明录》曰："晋兖州刺史沛国宋处宗，尝买得一长鸣鸡，爱养甚至，恒笼着窗间，鸡遂作人语，与处宗谈论，极有言智，终日不辍，处宗因此言巧大进。"

⑦彭泽（péng zé）：地名。在今江西。陶潜曾做彭泽县令，在自己家门前种过五棵柳树，号五柳先生。

⑧武陵溪：即桃花源。晋宋之际的大诗人陶潜，在《桃花源记》中写

过东晋太元（按：是东晋孝武帝司马曜的第二个年号，起于376年，讫于396年）年间一个捕鱼为业的武陵人，误入桃花源的故事："晋太元中，武陵人捕鱼为业，缘溪行，忘路之远近。忽逢桃花林，夹岸数百步，中无杂树，芳草鲜美，落英缤纷，渔人甚异之。复前行，欲穷其林。林尽水源，便得一山。山有小口，仿佛若有光，便舍船从口入。初极狭，才通人，复行数十步，豁然开朗。土地平旷，屋舍俨然，有良田美池桑竹之属，阡陌交通，鸡犬相闻。其中往来种作，男女衣着，悉如外人，黄发垂髫，并怡然自乐。"后以"武陵源"借指避世隐居的地方。《艺文类聚》引南朝宋刘义庆《幽明录》曰："汉帝永平五年，剡县刘晨、阮肇，共入天台山，度山，出一大溪，溪边有二女子，姿质妙绝，遂留半年，怀土求归，既出，亲旧零落，邑屋改异，无复相识，讯问得七世孙。"后世文人往往将这两个故事混用。如：唐王涣《惆怅诗十二首》其十："晨肇重来路已迷，碧桃花谢武陵溪。"武陵，古郡名。汉高祖五年（前202）改秦所置黔中郡为武陵郡，后世沿用，地当今湖南常德一带。

⑨追欢：寻欢作乐。古诗文习用语。唐谷神子《博异志·许汉阳》："客中止一宵，亦有少酒，愿追欢。"宋苏轼《去岁与子野游逍遥堂》："往岁追欢地，寒窗梦不成。"

⑩骤（zhòu）：疾驰。玉骢（cōng）：即玉花骢，泛指骏马。古诗文习用语。唐韩翃《少年行》："千点斑斓喷玉骢，青丝结尾绣缠鬃。"绮（qǐ）陌：繁华的街道。亦指风景美丽的郊野道路。古诗文习用语。南朝梁简文帝《登烽火楼诗》："万邑王畿旷，三条绮陌平。"唐刘沧《及第后宴曲江》："归时不省花间醉，绮陌香车似水流。"

⑪倦绣：倦于刺绣，绣花绣累了。

⑫欹（qī）：又作"敧"，斜倚。"闷欹"为古诗文习用语。宋杨泽民《法曲献仙音》："静听寒砧，闷欹孤枕，蟾光夜深窥户。"珊枕：珊瑚做的枕头。泛指材质华贵的枕头。"珊枕""珊瑚枕"为古

诗文习用语。唐刘皂《长门怨》："珊瑚枕上千行泪,不是思君是恨君。"唐权德舆《玉台体十二首》其四："泪尽珊瑚枕,魂销玳瑁床。"香闺:指年轻女子的内室。古诗文习用语。唐陶翰《柳陌听早莺》："乍使香闺静,偏伤远客情。"

【译文】

狗熊对老虎,大象对犀牛。

响雷对彩虹。

杜鹃对孔雀,长满桂树的山岭对岸边种着梅花的溪流。

春秋时秦国萧史能够吹箫引来凤凰,晋代的宋处宗养过一只会说话的鸡。

远近对高低。

河水寒冷时,鱼儿不再跃出水面;茂盛树林里,有很多鸟儿栖息。

彭泽县的柳枝在烟雾中随风轻摇,武陵人到过的溪边有桃花飘落随流水远去。

贵族子弟寻欢作乐,骑着骏马在如画的郊野游玩;闺中女子绣花绣累了,关上房门倚在珊瑚枕上休息。

上平九佳

【题解】

本篇共三段,皆为韵文。每段韵文,由若干句对仗的联语组成。每句皆押"平水韵"上平声"九佳"韵。

本篇每句句末的韵脚字,"淮""崖""钗""喈""鞋""谐""斋""挨""差""娃""阶""哇""排""街""蜗""怀""柴""埋"等,在传统诗韵("平水韵")里,都归属于上平声"九佳"这个韵部。这些字,在普通话里,韵母有的是"a"(一般配零声母,相当于"a"有介音"u"。"蜗"字,今音wō;但在"平水韵"里两读,一属上平"九佳"韵,一属下平"六麻"韵,若按叶韵读,皆音wā),有的是"ai",有的是"ie"("ie"韵母的,声母一般是"j"或

"x");声调有读第一声的,有读第二声的。

需要注意的是:普通话"a""ai""ie"等韵母的字,并不都属于"平水韵"上平声"九佳"韵;也有可能属于上平声"十灰"韵,或下平声"六麻"韵。"九佳"韵的字,有一部分和上平声"十灰"韵是邻韵,另一部分和下平声"六麻"韵是邻韵。填词时可以通押,写近体诗时不可通押。

第二段一字对"等对差"的"差"是个多音字,在"平水韵"里,有三个平声读音:一在"支韵",今音 cī;一在"麻韵",今音 chā;一在"佳韵",今音 chāi。表差等之义,在"支韵",音 cī;表差使之义,在"佳韵",音 chāi。此处"差"字是等差之义,本应为"四支"韵部,但借了"九佳"韵差使之"差"的音,对偶手法上属于"借对"。古人写诗,往往有此借音之法。《声律启蒙》中,不止一次用到这种借音方法。

(一)

河对海,汉对淮①。

赤岸对朱崖②。

鹭飞对鱼跃③,宝钿对金钗④。

鱼圉圉⑤,鸟喈喈⑥。

草履对芒鞋⑦。

古贤尝笃厚⑧,时辈喜诙谐⑨。

孟训文公谈性善⑩,颜师孔子问心斋⑪。

缓抚琴弦,像流莺而并语⑫;斜排筝柱⑬,类过雁之相挨⑭。

【注释】

①汉:汉江,简称"汉"。是长江最大的支流。淮(huái):淮河,简称"淮"。源于河南桐柏山,流经安徽、江苏两省入洪泽湖。

②赤岸：泛指土石呈赤色的崖岸。《楚辞·（东方朔）七谏·自悲》："哀高丘之赤岸兮，遂没身而不反。"汉王逸注："楚有高丘之山，其岸峻嶒，赤而有光明。"又用作地名或山名。地名赤岸，位置不可考。《文选·（枚乘）七发》："凌赤岸，篲扶桑，横奔似雷行。"唐李善注："此文势似在远方，非广陵也。"汉赵晔《吴越春秋·越王无余外传》："于是周行寓内，东造绝迹，西延积石，南踰赤岸，北过寒谷。"山名赤岸，一在今江苏六合东南。《南齐书·高帝纪上》："治新亭城垒未毕，贼前军已至……自新林至赤岸，大破之。"宋王象之《舆地纪胜·淮南东路·真州》："赤岸，其山岩与江岸数里土色皆赤。"一在今四川成都新都区南。《文选·（郭璞）江赋》："（长江）源二分于崛峡，流九派乎浔阳；鼓洪涛于赤岸，沦余波乎柴桑。"于光华注引《大清一统志》："赤岸山，在成都府新都县南一十七里，中江支流经此。"朱崖：红色山崖。唐陆龟蒙《秋热》："午气朱崖近，宵声白羽随。"亦用作地名，同"珠崖"。在海南海口琼山区东南。汉武帝元鼎六年（前111）定越地，以为南海、苍梧、郁林、合浦、交趾、九真、日南、珠崖、儋耳郡。后珠崖等郡数反叛，贾捐之上疏请弃珠崖，以恤关东，元帝从之，乃罢珠崖郡。事见《汉书·武帝纪》及《贾捐之传》。后以"珠崖"泛指边疆地区。南朝梁刘勰《文心雕龙·议对》："贾捐之之陈于朱崖，刘歆之辨于祖宗，虽质文不同，得事要矣。"

③鹭（lù）飞："振鹭于飞"的简称。出自《诗经·周颂·振鹭》："振鹭于飞，于彼西雝。"唐孔颖达疏："言有振振然洁白之鹭鸟往飞也……美威仪之人臣而助祭王庙亦得其宜也。"又《鲁颂·有駜》："振振鹭，鹭于下。"毛传："鹭，白鸟也，以兴洁白之士。"汉郑玄笺："洁白之士群集于君之朝。"后因以"振鹭"喻在朝的操行纯洁的贤人。鱼跃：语出《诗经·大雅·旱麓》："鸢飞戾天，鱼跃于渊。"毛传："言上下察也。"唐孔颖达疏："毛以为大王、王季德教

明察,著于上下。其上则鸢鸟得飞至于天以游翔,其下则鱼皆跳跃于渊中而喜乐。"后以"鱼跃鸢飞"谓世间生物任性而动,自得其乐。

④宝钿(tián):即花钿。以金翠珠玉制成的花朵形妇女首饰。唐张柬之《东飞伯劳歌》:"谁家绝世绮帐前,艳粉红脂映宝钿。"唐戎昱《送零陵妓》:"宝钿香娥翡翠裙,妆成掩泣欲行云。"《新唐书·车服志》:"(命妇之服)两博鬓饰以宝钿。"金钗(chāi):妇女插于发髻的金制首饰,由两股合成。南朝宋鲍照《拟行路难》诗之九:"还君金钗玳瑁簪,不忍见之益愁思。"唐温庭筠《懊恼曲》:"两股金钗已相许,不令独作空成尘。"

⑤圉圉(yǔ):困顿没有舒展开的样子。语出《孟子·万章上》:"昔者有馈生鱼于郑子产,子产使校人畜之池。校人烹之,反命曰:'始舍之,圉圉焉;少则洋洋焉,攸然而逝。'"汉赵岐注:"圉圉,鱼在水羸劣之貌。洋洋,舒缓摇尾之貌。"宋秦观《春日杂兴》:"娉娉弱絮堕,圉圉文鲂驰。"

⑥喈喈(jiē):象声词,鸟鸣叫的声音。《诗经·周南·葛覃》:"黄鸟于飞,集于灌木,其鸣喈喈。"毛传:"喈喈,和声之远闻也。"南朝宋鲍照《拟行路难》诗之十三:"春禽喈喈旦暮鸣,最伤君子忧思情。"

⑦草履(lǚ):草鞋。"草履"多与"黄冠"连用。"黄冠草履"(或作"黄冠草服""黄冠野服"),指粗劣的衣着,借指平民百姓。有时指草野高逸。明唐顺之《与洪方洲郎中书》:"而所谓磊落超脱者,往往出于黄冠草服之间。"曹亚伯《武昌起义·宣布满清罪状檄》:"黄冠草履之民,谁无尊亲之血气;四海九洲之内,何非故国之山河。"芒鞋:用芒茎外皮编织成的鞋。亦泛指草鞋。唐张祜《题灵隐寺师一上人十韵》:"朗吟挥竹拂,高揖曳芒鞋。""芒鞋"多与"竹杖"连用。"竹杖芒鞋",多借指隐士。宋苏轼《初入庐山

三首》其三：“芒鞋青竹杖，自挂百钱游。可怪深山里，人人识故侯。”

⑧古贤：古代贤人。《后汉书·方术传上·谢夷吾》：“方之古贤，实有伦序。”三国魏曹植《上责躬应诏诗表》：“以罪弃生，则违古贤夕改之劝。”晋卢谌《赠刘琨诗》：“桓桓抚军，古贤作冠。”笃（dǔ）厚：忠实厚道。《管子·幼官》：“藏薄纯，行笃厚，坦气修通。”《史记·傅靳蒯成列传论》：“蒯成侯周缫操心坚正，身不见疑，上欲有所之，未尝不垂涕，此有伤心者然，可谓笃厚君子矣。”

⑨时辈：当时有名的人物。《后汉书·窦章传》：“章谦虚下士，收进时辈，甚得名誉。”唐王维《休假还旧业便使》：“时辈皆长年，成人旧童子。”诙谐（huī xié）：谈吐幽默风趣。《汉书·东方朔传》：“其言专商鞅、韩非之语也，指意放荡，颇复诙谐。”亦指戏语、笑话。《新唐书·隐逸传·陆羽》：“呜咽不自胜，因亡去，匿为优人，作诙谐数千言。”

⑩孟训文公谈性善：典出《孟子·滕文公上》：“滕文公为世子，将之楚，过宋而见孟子。孟子道性善，言必称尧舜。”孟，指孟子（约前372—前289），名轲，字子舆，邹（今山东邹城）人。鲁公族孟孙氏后裔。受业于子思之门人。曾至齐、魏、宋、滕等国游说，一度任齐宣王客卿。主张行“仁政”，提出“民贵君轻”“人性本善”等学说，反对武力兼并。又倡“良知”“良能”学说，教人存心养性。其言行被编为《孟子》一书，今存七篇。孟子对后世影响甚大，被认为是孔子之后的儒家大宗师。宋元之际配享孔庙，称“亚圣”。文公，指滕文公。战国中期滕国（地在今山东滕州）国君。滕定公子。滕文公还是太子的时候，曾在宋国见过孟子，服膺于孟子学说。滕定公死，滕文公派大臣然友向孟子请教丧礼，后又派大臣毕战向孟子请教井田制，并亲自向孟子请教小国处于齐、楚两大国之间，如何才能生存的问题。事见《孟子》一书。性善，孟子

认为人性本善。

⑪颜师孔子问心斋：颜回曾经向孔子请教有关心斋的问题。典出《庄子·人间世》："回曰：'敢问心斋。'仲尼曰：'若一志。无听之以耳，而听之以心；无听之以心，而听之以气。耳止于听耳，心止于符。气也者，虚而待物者也。唯道集虚。虚者，心斋也。'"颜，颜回。见前注。孔子，见前注（仲尼）。心斋，排除一切思虑与杂念，保持心境的清净纯正。

⑫流莺：即黄莺。流，谓其鸣声婉转。古人多用黄莺语形容弦声。唐韦庄《菩萨蛮》："琵琶金翠羽，弦上黄莺语。"

⑬筝（zhēng）柱：筝上用来调节音高的部分，形状像人字，可以自由移动，因为筝柱排好之后好像展翅齐飞的雁群一样，所以也叫雁柱。

⑭过雁：天上飞过的大雁。相挨：依次排列。

【译文】

黄河对大海，汉江对淮河。

红色的河岸对红色的山崖。

白鹭高飞对鱼儿跃水，嵌有珠花的宝钿对金子制成的发钗。

鱼缓缓游动，鸟喈喈鸣叫。

草鞋对芒鞋。

古代的圣贤忠实厚道，现在的人们油嘴滑舌。

孟子教导滕文公"人性本善"的道理，颜回向孔子请教关于"心斋"的问题。

缓缓地抚弄琴弦，琴声像成双成对的黄莺在相和鸣唱；筝柱错落着斜排，样子就像大雁南飞时排成的队伍。

（二）

丰对俭，等对差①。

布袄对荆钗②。

雁行对鱼阵^③，榆塞对兰崖^④。

挑荠女^⑤，采莲娃^⑥。

菊径对苔阶^⑦。

《诗》成六义备^⑧，乐奏八音谐^⑨。

造律吏哀秦法酷^⑩，知音人说郑声哇^⑪。

天欲飞霜^⑫，塞上有鸿行已过^⑬；云将作雨^⑭，庭前多蚁阵先排^⑮。

【注释】

①差：差别，差等。差是个多音字，在诗韵（"平水韵"）里，差字有三个平声读音：一在"支韵"，今音 cī，《广韵》："次也，不齐等也。"一在"麻韵"，今音 chā，《说文》："贰也，不相值也。"南唐徐锴曰："左于事，是不当值也。"一在"佳韵"，今音 chāi，《韵会》："差使也。"此处"差"字是等差之义，本应为"四支"韵部，但借了"九佳"韵差使之"差"的音。古人写诗，往往有此借音之法。《声律启蒙》中，不止一次用到这种借音方法。

②荆钗（jīng chāi）：荆枝制作的髻钗。古代贫家妇女常用之。唐李山甫《贫女》："平生不识绣衣裳，闲把荆钗亦自伤。"亦借指贫家妇女。宋范成大《分岁词》："荆钗劝酒仍祝愿，但愿尊前且强健。"成语"荆钗布裙"，出自晋皇甫谧《列女传》："梁鸿妻孟光荆钗布裙。"

③雁行（háng）：大雁齐飞时排成的队伍行列。南朝梁简文帝《杂句从军行》："逦迤观鹅翼，参差睹雁行。"亦用以形容排列整齐而有次序。《梁书·陈伯之传》："今功臣名将，雁行有序。"亦指朝廷上的排班。《南史·张缅传》："殿中郎缺，帝谓徐勉曰：'此曹旧用文学，且雁行之首，宜详择其人。'勉举缅充选。"又用作阵名。横列展开，似飞雁的行列，故名。银雀山汉墓竹简《孙膑兵

法·威王问》：“雁行者，所以触侧应□〔也〕。”银雀山汉墓竹简《孙膑兵法·十阵》：“雁行之阵者，所以接射也。”鱼阵：指规模较大的鱼群。宋钱暄《题共乐堂》：“环嶂鹭行飞早晚，平波鱼阵跃西东。”又指阵法，即鱼丽阵。《左传·桓公五年》：“曼伯为右拒，祭仲足为左拒，原繁、高渠弥以中军奉公，为鱼丽之陈，先偏后伍。伍承弥缝。”晋杜预注引《司马法》：“车战二十五乘为偏，以车居前，以伍次之，承偏之隙而弥缝阙漏也。五人为伍，此盖鱼丽陈法。”宋刘过《沁园春·御阅还上郭殿帅》：“旌旗蔽满寒空。鱼阵整、从容虎帐中。”

④榆塞（yú sài）：又名榆溪（谿）塞、榆林塞，故址一说在今陕西榆林境内，一说在今内蒙古河套东北岸。《史记·卫将军骠骑列传》：“遂西定河南地，按榆谿旧塞。”南朝宋裴骃集解引三国曹魏如淳曰：“按，行也。榆谿，旧塞名。”《汉书·韩安国传》：“后蒙恬为秦侵胡，辟数千里，以河为竟。累石为城，树榆为塞，匈奴不敢饮马于河。”后因以“榆塞”泛称边关、边塞。唐骆宾王《送郑少府入辽共赋侠客远从戎》：“边烽警榆塞，侠客度桑乾。”明清时代指山海关。明夏完淳《大哀赋》：“出榆塞而草黄，坠犂天而云黑。”清顾炎武《永平》：“榆塞晚花重发后，滦河秋雁独飞初。”

⑤挑荠（jì）：采摘荠菜。挑，挑菜，即挖野菜。荠，荠菜。一、二年生草本植物。基出叶丛生，羽状分裂，叶被毛茸，柄有窄翅。春天抽花薹，花小，白色。嫩叶可供食用。是著名野菜。《诗经·邶风·谷风》：“谁谓荼苦，其甘如荠。”宋朱子集传：“荠，甘菜。”“挑荠”是古诗文习用语汇。唐卿云《秋日江居闲咏》：“检方医故疾，挑荠备中餐。”宋刘克庄《丙辰元日》：“旋遣厨人挑荠菜，虚劳座客颂椒花。”

⑥采莲娃：采莲的吴地美女。娃，吴地称美女为娃。《资治通鉴·周赧王二十年》：“主父初以长子章为太子，后得吴娃，爱之。”元

胡三省注:"吴娃……吴楚之间谓美女曰娃。"吴娃采莲,是古诗词常用意象及语汇。唐许浑《夜泊永乐有怀》:"莲渚愁红荡碧波,吴娃齐唱采莲歌。"唐陈陶《赋得古莲塘》:"阖闾宫娃能采莲,明珠作佩龙为船。"

⑦菊径:开满菊花的小径。多借指隐士居处。作为典故,又作"松菊径",或"陶潜菊径",典出陶渊明《归去来兮辞》:"三径就荒,松菊犹存。"为古诗文习用语。唐杜牧《折菊》:"篱东菊径深,折得自孤吟。"宋刘过《挽拙庵杨居士》诗其一:"榆边游已倦,菊径晚方归。"苔阶:生有苔藓的石阶。借指幽静处所。是古诗文习用语。南朝梁简文帝《伤美人》:"翠带留余结,苔阶没故基。"唐李绅《过梅里·上家山》:"苔阶泉溜铗,石凳青莎密。"

⑧六义:亦称"六诗",指赋、比、兴、风、雅、颂。《〈诗〉大序》:"《诗》有六义焉:一曰风,二曰赋,三曰比,四曰兴,五曰雅,六曰颂。"唐孔颖达疏:"风、雅、颂者,诗篇之异体;赋、比、兴者,诗文之异辞耳。大小不同而得并为六义者,赋、比、兴是诗之所用,风、雅、颂是诗之成形。用彼三事,成此三事,是故同称为义,非别有篇卷也。"近人认为:风是各国的歌谣,雅是周王畿的歌曲,颂是庙堂祭祀的乐歌,是《诗经》的三种体制;赋是敷陈其事,比是指物譬喻,兴是借物起兴,是《诗经》的三种表现内容的方法。则多本于朱子《诗集传》。后指以《诗经》为代表的文学创作的精神和原则。

⑨八音:我国古代对乐器的统称,通常为金、石、丝、竹、匏、土、革、木八种不同质材所制。《尚书·舜典》:"三载,四海遏密八音。"(伪)孔传:"八音:金、石、丝、竹、匏、土、革、木。"《周礼·春官·大师》:"皆播之以八音:金、石、土、革、丝、木、匏、竹。"汉郑玄注:"金,钟、镈也;石,磬也;土,埙也;革,鼓、鼗也;丝,琴、瑟也;木,柷、敔也;匏,笙也;竹,管、箫也。"

⑩造律吏：制定法律的官员。秦法：秦朝的律法。旧注引《纲鉴》："汉高入咸阳，哀秦法太酷，约以三章之法。后无以除奸，命萧何造律，次其轻重。"《史记·汉高祖本纪》载，刘邦入关，与秦父老约法三章事："召诸县父老豪桀曰：'父老苦秦苛法久矣，诽谤者族，偶语者弃市。吾与诸侯约，先入关者王之，吾当王关中。与父老约，法三章耳：杀人者死，伤人及盗抵罪。余悉除去秦法。诸吏人皆案堵如故。'"

⑪郑声：指春秋时期郑国的民间音乐，多歌唱青年男女的爱情生活，孔子认为郑国的音乐浮靡不正派，背离了雅乐的传统。《论语·阳货》："恶紫之夺朱也，恶郑声之乱雅乐也。"朱子认为郑声指《诗经·郑风》。《论语·卫灵公》："放郑声，远佞人。郑声淫，佞人殆。"清刘宝楠正义："《五经异义·鲁论》说郑国之俗，有溱、洧之水，男女聚会，讴歌相感，故云'郑声淫'。"此后，凡与雅乐相背的音乐，甚至一般的民间音乐，均为崇"雅"黜"俗"者斥为"郑声"。哇：淫哇，指淫邪之声（多指乐曲诗歌）。《文选·（嵇康）养生论》："目惑玄黄，耳务淫哇。"唐李善注："《法言》曰：'哇则郑'；李轨曰：'哇，邪也。'"

⑫飞霜：降霜。晋张协《七命》："飞霜迎节，高风送秋。"

⑬鸿行（háng）：即雁行。见前注。

⑭作雨：酝酿成雨。

⑮蚁（yǐ）阵：群蚁行进，犹如兵阵，故谓之"蚁阵"。《西游记》第六六回："人如蚁阵往来多，船似雁行归去广。"

【译文】

丰足对节俭，等同对参差。

布做的棉袄对荆木制的发钗。

雁行阵对鱼丽阵，种着榆树的关塞对长满兰草的山崖。

挖荠菜的少女，采莲蓬的姑娘。

开着菊花的小路对长满苔藓的台阶。

《诗经》中"六义"齐备,演奏的音乐八音和谐。

制定法律的官吏哀叹秦朝的刑法严酷,懂得音律的人都认为郑国的音乐淫靡。

天空即将降霜的时候,边塞上已经有大雁成行飞过;乌云集聚成雨之前,庭院里多有蚂蚁成群结队爬过。

（三）

城对市,巷对街。

破屋对空阶①。

桃枝对桂叶,砌蚓对墙蜗②。

梅可望③,橘堪怀④。

季路对高柴⑤。

花藏沽酒市⑥,竹映读书斋。

马首不容孤竹扣⑦,车轮终就洛阳埋⑧。

朝宰锦衣⑨,贵束乌犀之带⑩;宫人宝髻⑪,宜簪白燕之钗⑫。

【注释】

①空阶:空寂的台阶。古诗文习用语。汉乐府《古八变歌》:"枯桑鸣中林,纬络响空阶。"南朝梁何逊《临行与故游夜别》:"夜雨滴空阶,晓灯暗离室。"

②砌(qì)蚓(yǐn):台阶缝隙中的蚯蚓。宋王九龄《祠庞颍公》:"断砌行春蚓,败壁号秋蛩。"墙蜗(wō):蜗牛从墙上爬过,涎水的痕迹像是篆文,是古诗文习用语汇和意象。宋文同《访古寺老僧不遇书壁》:"蛛丝网窗户,蜗涎篆墙壁。"宋陈师道《春怀示邻

里》："断墙着雨蜗成字,老屋无僧燕作家。"

③梅可望:指望梅止渴。《世说新语·假谲》载曹操带兵,错过饮水点,便和士兵们说前方有梅树林,可以解渴。士兵们奋力前行,在前方找到了水源。见前注。

④橘(jú)堪怀:指陆绩怀橘事。《三国志·吴志·陆绩传》:"绩年六岁,于九江见袁术。术出橘,绩怀三枚,去,拜辞堕地。术谓曰:'陆郎作宾客而怀橘乎?'绩跪答曰:'欲归遗母。'术大奇之。"后以"怀橘"为思亲、孝亲的典故。

⑤季路(前542—前480):名仲由,字子路,一字季路,春秋时期鲁国卞(今山东泗水)人。孔子著名弟子,孔门"十哲"之一。性情直爽,勇敢过人,长于政事,曾为鲁国季孙氏家臣,后任卫大夫孔悝邑宰,因不愿从孔悝迎立蒉聩为卫公,在卫国内讧中被杀。高柴(前521—前393?):字子羔,孔子弟子,"七十二贤"之一。孔子曾评论他"柴也愚",大约性情过于憨厚,不知变通。子路很看重他,曾让他做费邑宰。

⑥沽(gū)酒:有买酒、卖酒二义,这里是卖酒。汉桓宽《盐铁论·散不足》:"古者不粥饪,不市食。及其后,则有屠沽,沽酒市脯鱼盐而已。"唐白居易《杭州春望》:"红袖织绫夸柿蒂,青旗沽酒趁梨花。"

⑦孤竹:指孤竹君二子伯夷、叔齐。他们曾经勒住周武王的马向他进谏阻止伐纣,当时武王士兵要杀他们,姜太公认为他们是忠义之士,所以让他们离去。事见《史记·伯夷列传》:"伯夷、叔齐闻西伯昌善养老,盍往归焉。及至,西伯卒,武王载木主,号为文王,东伐纣。伯夷、叔齐叩马而谏曰:'父死不葬,爰及干戈,可谓孝乎?以臣弑君,可谓仁乎?'左右欲兵之。太公曰:'此义人也。'扶而去之。武王已平殷乱,天下宗周,而伯夷、叔齐耻之,义不食周粟,隐于首阳山,采薇而食之。"

⑧车轮终就洛阳埋：典出《后汉书·张纲传》："汉安元年，选遣八使徇行风俗，皆耆儒知名，多历显位，唯纲年少，官次最微。余人受命之部，而纲独埋其车轮于洛阳都亭，曰：'豺狼当路，安问狐狸！'遂奏曰：'大将军冀，河南尹不疑，蒙外戚之援，荷国厚恩，以弇蔑之资，居阿衡之任，不能敷扬五教，翼赞日月，而专为封豕长蛇，肆其食叨，甘心好货，纵恣无底，多树谄谀，以害忠良。诚天威所不赦，大辟所宜加也。谨条其无君之心十五事，斯皆臣子所切齿者也。'书御，京师震竦。"东汉顺帝汉安元年（142）派遣御史巡查四方，张纲把车轮埋在洛阳都亭，说'豺狼当道，安问狐狸'，意思是暴虐奸邪的人掌握国政，大贪官就在首都洛阳城中，不抓他们，却去外面抓小贪官，有什么意义呢？成语"豺狼当道"就是由此而来。

⑨朝（cháo）宰：指朝廷高官大员。《陈书·欧阳颁传》："侯景平，元帝遍问朝宰：'今天下始定，极须良才，卿各举所知。'群臣未有对者。"锦衣：精美华丽的衣服。旧指显贵者的服装。《诗经·秦风·终南》："君子至止，锦衣狐裘。"毛传："锦衣，采色也。"唐孔颖达疏："锦者，杂采为文，故云采衣也。"唐李白《越中览古》："越王句践破吴归，义士还家尽锦衣。"

⑩乌犀（xī）之带：即犀角带，指用黑色犀角作装饰的腰带，只有高品级的官员才能使用。唐代大臣裴度赴淮西上任，唐德宗亲自为他送行，临别又赐犀带给他。事见《旧唐书·列传第一百二十》。明代有犀带狮补之服，指饰以犀角的腰带和饰以狮子花样的补子，为上品官的服饰。

⑪宫人：妃嫔、宫女的通称。《周易·剥》："贯鱼，以宫人宠。"唐李鼎祚集解引隋何妥曰："夫宫人者，后夫人嫔妾。"《左传·昭公十八年》："火作……商成公儆司宫，出旧宫人，寘诸火所不及。"晋杜预注："旧宫人，先公宫女。"宝髻（jì）：古代妇女发髻的一种。

亦泛指妇女发髻。髻,盘在头顶的发结。唐王勃《临高台》:"为君安宝髻,蛾眉罢花丛。"宋柳永《瑞鹧鸪》:"宝髻瑶簪,严妆巧,天然绿媚红深。"

⑫白燕之钗(chāi):即玉燕钗。相传汉武帝元鼎元年(前116)在甘泉宫西建招仙阁,西王母来与之相会,赠武帝玉钗一枚,武帝将它赐给了赵婕妤。到汉昭帝的时候,钗变成白燕飞走了。事见汉郭宪《洞冥记》卷二:"神女留玉钗以赠帝,帝以赐赵婕妤。至昭帝元凤中,宫人犹见此钗。黄谂欲之。明日示之,既发匣,有白燕飞升天。后宫人学作此钗,因名玉燕钗,言吉祥也。"《初学记·宝器部·玉第四》《太平御览·服用部·钗》皆引之,文字稍有出入。唐张鷟《游仙窟》:"黄龙透入黄金钏,白燕飞来白玉钗。"

【译文】

城对市,小巷对大街。

破败的房屋对空寂的台阶。

桃树枝对桂树叶,台阶下的蚯蚓对墙角的蜗牛。

曹操带兵,望梅可以止渴;陆绩孝母,将橘子藏在怀中。

季路对高柴。

鲜花静静开在卖酒的闹市,绿竹掩映着安静的书房。

士兵不允许孤竹君的两个儿子伯夷、叔齐拉住马头劝阻武王伐纣,东汉张纲悲愤外戚专政,最终还是将车轮埋在洛阳都亭。

朝廷大臣衣着华贵,腰间束着用黑犀牛角装饰的腰带;宫女发髻高耸,适宜插上传说中珍贵的白燕钗。

上平十灰

【题解】

本篇共三段,皆为韵文。每段韵文,由若干句对仗的联语组成。每句皆押"平水韵"上平声"十灰"韵。

　　本篇每句句末的韵脚字，"开""苔""台""魋""莱""灾""雷""灰""隈""醅""梅""催""荄""哀""槐"等，在传统诗韵（"平水韵"）里，都归属于上平声"十灰"这个韵部。这些字，在普通话里，韵母有的是"ai"，有的是"uai"，有的是"ei"，有的是"ui"；声调有读第一声的，有读第二声的。

　　需要注意的是：普通话"ai""uai""ei""ui"等韵母的字，并不都属于"平水韵"上平声"十灰"韵，也有可能属于上平声"四支"韵、"五微"韵、"八齐"韵，或上平声"九佳"韵。"十灰"韵的字，有一部分和上平声"四支"韵、"五微"韵、"八齐"韵是邻韵，另一部分和上平声"九佳"韵是邻韵。填词时可以通押，写近体诗时不可通押。

　　第二段的长对"月满庾楼，据胡床而可玩；花开唐苑，轰羯鼓以奚催"这句，因为"玩"字在"平水韵"里读去声，所以和下句的"催"字是仄对平，声律上对偶可以成立。

（一）

　　增对损，闭对开。

　　碧草对苍苔。

　　书签对笔架，两曜对三台①。

　　周召虎②，宋桓魋③。

　　阆苑对蓬莱④。

　　熏风生殿阁⑤，皓月照楼台。

　　却马汉文思罢献⑥，吞蝗唐太冀移灾⑦。

　　照耀八荒⑧，赫赫丽天秋日⑨；震惊百里⑩，轰轰出地春雷。

【注释】

　　①两曜（yào）：指日、月。南朝梁任昉《为齐宣德皇后重敦劝梁王

令》："四时等契，两曜齐明。"《旧唐书·张廷珪传》："则和气上通于天，虽五星连珠，两曜合璧，未足多也。"三台：星名，亦代指三公。《晋书·天文志上》："三台六星，两两而居……在人曰三公，在天曰三台，主开德宣符也。西近文昌二星曰上台，为司命，主寿。次二星曰中台，为司中，主宗室。东二星曰下台，为司禄，主兵，所以昭德塞违也。"

②召（shào）虎：即召伯虎。《诗经·大雅·江汉》："江汉之浒，王命召虎。"毛传："召虎，召穆公也。"召公奭后裔，名虎，封于召。周厉王暴虐，召虎进谏，厉王不听。周厉王被国人所逐，流放于彘。太子靖避居于召虎家，虎以己子替死。厉王死，召虎拥立太子靖为宣王。淮夷不服，宣王命召虎率师讨平。卒谥穆，称召穆公。

③桓魋（huán tuí）：春秋时期宋国大臣，又称"向魋"，官任司马，为宋景公所宠信。孔子周游列国，离曹过宋时，桓魋欲杀孔子，孔子微服离宋。桓魋后来得罪，从宋国叛逃，先入曹，后奔卫。

④阆苑（làng yuàn）：阆风之苑，传说中仙人的住处。唐王勃《梓州郪县灵瑞寺浮图碑》："玉楼星峙，稽阆苑之全模；金阙霞飞，得瀛洲之故事。"后人用以借指翰林院。清龚自珍《己亥杂诗》之九三："金銮并砚走龙蛇，无分同探阆苑花。"刘逸生注："后人因翰林院地位清贵，比作阆风之苑。"阆风，即阆风巅。是传说中神仙居住的地方，在昆仑之巅。语典出自《楚辞·离骚》："朝吾将济于白水兮，登阆风而缲马。"汉王逸注："阆风，山名，在昆仑之上。"《海内十洲记·昆仑》："山三角：其一角正北，干辰之辉，名曰阆风巅；其一角正西，名曰玄圃堂；其一角正东，名曰昆仑宫。"蓬莱：即蓬莱山。古代传说中的神山名。亦泛指仙境。《史记·封禅书》："自威、宣、燕昭使人入海求蓬莱、方丈、瀛洲，此三神山者，其传在勃海中。"《后汉书·窦章传》："是时学者称东观为老氏藏室、道家蓬莱山。"后因以指秘阁。唐诗习用"蓬莱阁"

（亦省作"蓬阁"）指秘书省或秘书监。孟浩然《初出关旅亭夜坐怀王大校书》："永怀蓬阁友，寂寞滞扬云。"杜甫《秋日寄题郑监湖上亭三首》之三："暂阻蓬莱阁，终为江海人。"《哭台州郑司户苏少监》："移官蓬阁后，谷贵殁潜夫。"

⑤熏（xūn）风：和风，东南风。亦写作"薰风"。《吕氏春秋·有始》："东南曰熏风。"汉高诱注："巽气所生，一曰清明风。"明徐渭《忆潘公》诗之一："记得当时官舍里，熏风已过荔枝红。"

⑥却马：典出《汉书·贾捐之传》："时有献千里马者，诏曰：'鸾旗在前，属车在后，吉行日五十里，师行三十里，朕乘千里之马，独先安之？'于是还马，与道里费，而下诏曰：'朕不受献也，其令四方毋求来献。'当此之时，逸游之乐绝，奇丽之赂塞，郑、卫之倡微矣。"是说汉文帝时，有人进献千里马，汉文帝没有接受，并且下诏令各地不要再进献。却，谢绝，拒绝。汉文：即汉文帝刘恒（前202—前157），汉高祖刘邦中子（薄姬所生），初封代王，吕后死，大臣诛诸吕，迎立为帝。在位二十三年（前180—前157），轻徭薄赋，与民休息，经济渐次恢复，社会日趋安定。景帝因之，史称"文景之治"。

⑦吞蝗（huáng）：典出唐吴兢《贞观政要·务农》："贞观二年，京师旱，蝗虫大起。太宗入苑视禾，见蝗虫，掇数枚而咒曰：'人以谷为命，而汝食之，是害于百姓。百姓有过，在予一人，尔其有灵，但当食我心，无害百姓。'将吞之，左右遽谏曰：'恐成疾，不可。'太宗曰：'所冀移灾朕躬，何疾之避！'遂吞之。自是蝗不复为灾。"是说唐太宗时，国内发生蝗灾，唐太宗于是自己吞食蝗虫，以求蝗虫不要危害百姓。唐太：即唐太宗李世民（599—649），唐高祖李渊次子。隋末，劝父举兵反隋，征服四方，成统一大业。高祖武德元年（618），为尚书令，进封秦王。先后讨平窦建德、刘黑闼、薛仁杲、王世充等割据势力。九年（626），发动玄武门之变，

杀兄李建成及弟李元吉,遂立为太子,旋即受禅为帝,尊父为太上皇。在位二十三年(626—649),谥文皇帝。在位期间,锐意图治,善于纳谏,去奢轻赋,宽刑整武,使海内升平,威及域外,史称"贞观之治"。

⑧八荒:八方荒远的地方。《关尹子·四符》:"知夫此身如梦中身……随情所见者,可以凝精作物,而驾八荒。"《汉书·项籍传赞》:"并吞八荒之心。"唐颜师古注:"八荒,八方荒忽极远之地也。"

⑨赫赫(hè):形容阳光明亮灿烂的样子。汉扬雄《法言·五百》:"赫赫乎日之光,群目之用也。"丽天:附着于天。语出《周易·离》:"日月丽乎天。"唐孔颖达疏:"日月丽乎天,百谷草木丽乎土者,此广明附着之义。"《晋书·地理志上》:"星象丽天,山河纪地。"

⑩震惊百里:语典出自《周易·震》:"震:亨。震来虩虩,笑言哑哑。震惊百里,不丧匕鬯。"

【译文】

增加对减少,关闭对打开。

绿草对青苔。

书签对笔架,日月两曜对三台星宿。

周朝有召虎,宋国有桓魋。

閟宫仙苑对蓬莱仙山。

和风吹过殿阁,明月照耀楼台。

汉文帝不接受进献的骏马,并且下令禁止进献以求减轻百姓负担;唐太宗吞吃蝗虫,希望上天能够转移灾难不要危害百姓。

晴朗的秋日,天上的太阳照耀世界各个地方;春天的响雷从地底传出,声音使百里之外的人感到震惊。

(二)

沙对水,火对灰。

雨雪对风雷。

书淫对传癖^①，水浒对岩隈^②。

歌旧曲^③，酿新醅^④。

舞馆对歌台^⑤。

春棠经雨放，秋菊傲霜开。

作酒固难忘曲蘖^⑥，调羹必要用盐梅^⑦。

月满庾楼，据胡床而可玩^⑧；花开唐苑，轰羯鼓以奚催^⑨。

【注释】

① 书淫（yín）：旧时称嗜书成癖、好学不倦的人为"书淫"。一般指晋人皇甫谧，字士安，自号玄晏先生。亦指南朝梁人刘峻。《北堂书钞》引皇甫谧《玄晏春秋》："余学或兼夜不寐，或临食忘餐，或不觉日夕，方之好色，号余曰'书淫'。"《晋书·皇甫谧传》："遂不仕。耽玩典籍，忘寝与食，时人谓之'书淫'。或有箴其过笃，将损耗精神。谧曰：'朝闻道，夕死可矣，况命之修短分定悬天乎！'"《梁书·刘峻传》："峻好学，家贫，寄人庑下，自课读书，常燃麻炬，从夕达旦，时或昏睡，爇其发，既觉复读，终夜不寐，其精力如此。齐永明中，从桑乾得还，自谓所见不博，更求异书，闻京师有者，必往祈借，清河崔慰祖谓之'书淫'。"传癖（zhuàn pǐ）：指西晋杜预，字元凯。典出《晋书·杜预传》："时王济解相马，又甚爱之，而和峤颇聚敛，预常称'济有马癖，峤有钱癖'。武帝闻之，谓预曰：'卿有何癖？'对曰：'臣有《左传》癖。'"传指《左传》（《春秋左氏传》）。杜预喜爱《左传》，著有《春秋左传集解》。唐杨炯《卧读书架赋》："士安号于书淫，元凯称于传癖。"

② 水浒（hǔ）：水边。《诗经·大雅·绵》："率西水浒，至于岐下。"毛传："浒，水厓也。"（按：《水浒传》书名即用此语典。）唐王勃《九

成宫颂》序："获秦余于故兆,地拟林光;访周旧于遗风,山连水
浒。"岩隈(wēi):深山曲折处。隋炀帝《秦孝王诔》:"扈驾仁寿,
抚席岩隈。"唐王绩《黄颊山》:"别有青溪道,斜亘碧岩隈。"

③旧曲:古曲,老歌,对"新曲"而言。古诗文习用语。《晋书·乐志
下》:"按魏晋之世,有孙氏善弘(按:弘,清李慈铭《〈晋书〉札记》:
"当作引。")旧曲……朱生善琵琶,尤发新声。"南朝陈徐陵《折杨
柳》:"江陵有旧曲,洛下作新声。"

④新醅(pēi):新酿的酒。唐白居易《问刘十九》:"绿蚁新醅酒,红
泥小火炉。"醅,没过滤的酒。

⑤舞馆:舞蹈的场所。古诗文习用语。南朝齐谢朓《和伏武昌登孙
权故城诗》:"舞馆识余基,歌梁想遗啭。"歌台:表演歌舞的楼台。
古诗文习用语。唐杜牧《阿房宫赋》:"歌台暖响,春光融融。"多
与"舞榭"连用,"舞榭歌台"为成语,指供歌舞用的台榭。唐黄滔
《馆娃宫赋》:"舞榭歌台,朝为宫而暮为沼;英风霸业,古人失而
今人惊。"宋辛弃疾《永遇乐·京口北固亭怀古》:"舞榭歌台,风
流总被、雨打风吹去。"

⑥作酒:造酒,酿酒。曲糵(qū niè):酒曲,即酿酒用的酵母。《尚书·说
命下》:"若作酒醴,尔惟曲糵。"(伪)孔传:"酒醴须曲糵以成。"

⑦调羹(tiáo gēng):调和羹汤。《尚书·说命下》:"若作和羹,尔惟
盐梅。"后因以"调羹"喻治理国家政事。盐梅:盐和梅子。盐味
咸,梅味酸,均为调味所需。亦喻指国家所需的贤才。

⑧"月满庾(yǔ)楼"二句:典出《晋书·庾亮传》:"亮在武昌,诸佐吏
殷浩之徒,乘秋夜往共登南楼,俄而不觉亮至,诸人将起避之。亮
徐曰:'诸君少住,老子于此处兴复不浅。'便据胡床与浩等谈咏
竟坐。"晋代庾亮镇守武昌时,手下幕僚在南楼赏月清谈,后来
庾亮也坐在胡床上和他们一起畅谈玄理。庾楼,即庾亮楼,指武
昌南楼。胡床,一种可以折叠的轻便坐具。又称"交床"。庾亮

（289—340），字元规，颍川鄢陵（今属河南）人。东晋名臣。其妹庾文君为晋明帝皇后。庾亮年少即有才名。晋明帝时，官至中书监、护军将军。明帝卒，庾亮与王导等辅立成帝，任中书令，专朝政，引发苏峻之乱。成帝咸和四年（329），苏峻之乱平定之后，庾亮求为外任，出镇芜湖。咸和九年（334），陶侃死，庾亮都督江、荆等六州诸军事，领江、荆、豫三州刺史，进号征西将军，迁镇武昌，握重兵。咸康六年（340）薨，时年五十二。追赠太尉，谥曰文康。庾亮不仅以外戚为东晋重臣，亦是一代名士。

⑨羯（jié）鼓：古代打击乐器的一种。起源于印度，从西域传入，盛行于唐开元、天宝年间。《通典·乐四》："羯鼓，正如漆桶，两头俱击。以出羯中，故号羯鼓，亦谓之两杖鼓。"唐温庭筠《华清宫》："宫门深锁无人觉，半夜云中羯鼓声。"《新唐书·礼乐志十一》："羯鼓，八音之领袖，诸乐不可方也。"相传唐玄宗爱好羯鼓，有一次在御花园击鼓，结果亭外的花都开了。事见唐南卓《羯鼓录》："（玄宗）尤爱羯鼓、玉笛。尝云：'八音之领袖，不可无也。'尝遇二月初诘旦，巾栉方毕，时当宿雨初晴，景物明丽，小殿内庭，柳杏将吐。睹而叹曰：'对此景物，岂得不与他判断之乎？'左右相目，将命备酒。独高力士遣取羯鼓，上旋命之临轩，纵击一曲，曲名《春光好》，神思自得。及顾柳杏，皆已发拆。上指而笑谓嫔御曰：'此一事，不唤我作天公可乎？'嫔御侍官皆呼万岁。"奚（xī）：何，什么。

【译文】

沙对水，火焰对灰烬。

雨雪对风雷。

"书淫"皇甫谧对"传癖"杜预，水岸对山角。

唱起旧日的歌曲，酿制新的美酒。

观舞的场所对听歌的楼台。

春天的海棠花在雨后纷纷绽放，秋天的菊花在寒霜中傲然盛开。

酿酒,当然离不开曲蘖;调味,一定会用盐和梅。

月光撒满南楼,庾亮坐在胡床上与众人尽情吟咏玩乐;唐宫园中花朵初放,玄宗敲打羯鼓催促鲜花盛开。

（三）

休对咎①,福对灾。

象箸对犀杯②。

宫花对御柳③,峻阁对高台④。

花蓓蕾⑤,草根荄⑥。

剔藓对剜苔⑦。

雨前庭蚁闹⑧,霜后阵鸿哀。

元亮南窗今日傲⑨,孙弘东阁几时开⑩。

平展青茵⑪,野外茸茸软草;高张翠幄⑫,庭前郁郁凉槐⑬。

【注释】

① 休:吉庆,美善。咎(jiù):灾祸。"休""咎"二词常连用,指吉凶、善恶。《汉书·刘向传》:"向见《尚书·洪范》,箕子为武王陈五行阴阳休咎之应。"

② 象箸(zhù):象牙制作的筷子。《韩非子·喻老》:"昔者纣为象箸而箕子怖。"《史记·龟策列传》:"犀玉之器,象箸而羹。"犀(xī)杯:犀牛角做的杯子。清李渔《闲情偶寄·器玩部·酒具》:"象与犀同类,则有光芒太露之嫌矣。且美酒入犀杯,另是一种香气。唐句云:'玉碗盛来琥珀光。'玉能显色,犀能助香,二物之于酒,皆功臣也。"

③ 宫花:皇宫庭苑中的花木。唐李白《宫中行乐词》之五:"宫花争

笑日,池草暗生春。"科举时代考试中选的士子在皇帝赐宴时所戴的花,亦称"宫花"。宋李宗谔《绝句》:"戴了宫花赋了诗,不容重见赭黄衣。无憀独出宫门去,恰似当年下第归。"御柳:宫禁中的柳树。唐沈佺期《和户部岑尚书参迹枢揆》:"御柳垂仙掖,公槐覆礼闱。"又为某种柳树专名,产于闽地。明谢肇淛《五杂组·物部二》:"今闽中有一种柳,其叶如松,而垂长数尺,其干亦与柳不类。俗名为御柳。"

④峻阁:高峻的楼阁。古诗文习用语。晋陆机《答张士然诗》:"洁身跻秘阁,秘阁峻且玄。"宋苏舜钦《舟中感怀寄馆中诸君》:"峻阁郁前起,隐嶙天中央。"高台:高的楼台。晋左思《吴都赋》:"造姑苏之高台,临四远而特建。"古诗文亦用以比喻京师。《文选·(曹植)杂诗》之一:"高台多悲风,朝日照北林。"唐李善注引《新语》:"高台,喻京师。"

⑤蓓蕾(bèi lěi):《广韵》:"蓓蕾,花绽貌。"今指含苞未放的花。唐徐夤《追和白舍人咏白牡丹》:"蓓蕾抽开素练囊,琼葩薰出白龙香。"宋王安石《初到金陵》:"夜直去年看蓓蕾,昼眠今日对纷披。"

⑥根荄(gāi):植物的根。《文子·符言》:"故羽翼美者,伤其骸骨;枝叶茂者,害其根荄;能两美者,天下无之。"比喻事物的根本、根源。《旧唐书·元稹白居易传论》:"臣观元之制策,白之奏议,极文章之壸奥,尽治乱之根荄。"荄,草根。

⑦剔藓(xiǎn)、剜(wān)苔:指剔除古碑或器物表面的苔藓,以便阅读碑文题识。语出唐韩愈《石鼓歌》:"剜苔剔藓露节角,安置妥帖平不颇。"后成为古诗文习用语。唐罗隐《钱塘遇默师忆润州旧游》:"扪苔想豪杰,剔藓看文词。"

⑧庭蚁:庭院中的蚁群。古人庭院多种槐树,槐荫常有蚁穴。古诗文习用语。宋陆游《欲雨二首》其一:"徙穴中庭蚁,争巢后圃鸠。"

⑨元亮：即陶渊明（365—427），字元亮，更名潜，私谥靖节，浔阳柴桑（今江西九江）人。晋宋之际文学家，著名隐士。曾为江州祭酒、镇江参军，后任彭泽令。因不肯为五斗米折腰向乡里小人而去职，归隐田园，至死不仕。南窗今日傲：语出陶渊明《归去来兮辞》："倚南窗以寄傲，审容膝之易安。"南窗，向南的窗子。因窗多朝南，故亦泛指窗子。

⑩孙弘（hóng）：指西汉丞相公孙弘（前200—前121），字季，一字次卿，菑川薛（今山东寿光）人。少时家贫，牧豕海上。年四十余始学《春秋公羊传》。汉武帝时，以贤良征为博士，后升内史、御史大夫，深得武帝信任。元朔五年（前124），升为丞相，封平津侯。元狩二年（前121年），卒于任上，谥献。东阁：东厢的居室或楼房，亦指向东开的小门。因汉武帝时丞相平津侯公孙弘曾将东阁辟为招贤馆，故后人用"东阁""平津东阁"代指宰相招贤、待客之所。公孙弘东阁招贤，事见《汉书·公孙弘传》："弘自见为举首，起徒步，数年至宰相封侯，于是起客馆，开东阁以延贤人，与参谋议。弘身食一肉，脱粟饭，故人宾客仰衣食，奉禄皆以给之，家无所余。"唐颜师古注："阁者，小门也。东向开之，避当庭门而引宾客，以别于掾史官属也。"其事又载《西京杂记》卷四："平津侯自以布衣为宰相，乃开东阁营客馆以招天下之士。其一曰钦贤馆以待大贤，次曰翘材馆以待大才，次曰接士馆以待国士。其有德任毗赞佐理阴阳者处钦贤之馆，其有才堪九列将军二千石者居翘材之馆，其有一介之善、一方之艺居接士之馆。而躬自菲薄，所得俸禄以奉待之。"唐李商隐《九日诗》："郎君官贵施行马，东阁无因再得窥。"宋苏轼《九日次韵王巩》："闻道郎君闭东阁，且容老子上南楼。"

⑪青茵（yīn）：指青草地，像绿色的褥垫一样。茵，褥垫，褥席。

⑫翠幄（wò）：青色的帐幔。晋左思《吴都赋》："蔼蔼翠幄，袅袅素女。"

⑬郁郁：即郁郁葱葱，形容树木枝叶茂盛的样子。

【译文】

美善对罪过，福对灾。

象牙制的筷子对犀牛角做的酒杯。

皇宫中的花对御苑里的柳，险峻的楼阁对高高的台子。

花的蓓蕾，草的根须。

剔除苔藓对挖掉青苔。

下雨前庭院里搬家的蚂蚁非常忙碌，落霜后成行飞过的大雁不时哀鸣。

隐士陶渊明正倚着南窗寄托自己傲然出世的情怀，丞相公孙弘招贤纳士的东阁不知什么时候打开。

野外到处生长着软软的细草，好像平整展开的绿色褥垫；庭院前郁郁葱葱的槐树，就像高高挂起的绿色帷幕。

上平十一真

【题解】

本篇共三段，皆为韵文。每段韵文，由若干句对仗的联语组成。每句皆押"平水韵"上平声"十一真"韵。

本篇每句句末的韵脚字，"真""麟""椿""人""秦""邻""神""贫""宾""春""鳞""尘""巾""薪""津""嫔""邻""钧""绅"等，在传统诗韵（"平水韵"）里，都归属于上平声"十一真"这个韵部。这些字，在普通话里，韵母有的是"en"，有的是"in"，有的是"un"，有的是"ün"；声调有读第一声的，有读第二声的。

需要注意的是：普通话"en""in""un""ün"等韵母的字，并不都属于"平水韵"上平声"十一真"韵，也有可能属于上平声"十二文"韵、"十三元"韵，或下平声"十二侵"韵。尤需注意的是："十一真"韵的字，和上平声"十二文"韵、"十三元"韵（一部分）是邻韵，填词时可以通押，写近体诗时不可通押；但和下平声"十二侵"韵不是邻韵，不仅写近体诗时不可通押，填词时亦不可以通押。这是因为，"十二侵"韵属于闭口韵，即它的韵母实际上是收[m]尾，而非[n]尾。在中古音系统里，下平"十二侵"和上平"十一真""十二文"，它们的韵尾不同。

本篇第一段七字对"野烧焰腾红烁烁，溪流波皱碧粼粼"一句中的"烧"字，作名词用，旧读去声，和"流"是仄对平，声律上对偶可以成立。第三段七字对"充国功名当画阁，子张言行贵书绅"一句中的"行"字，作名词用，旧读去声，与"名"是仄对平，声律上对偶可以成立。

本篇第三段五字对"万石对千钧"一句中的"石"字，是度量单位，今人多将其念作"dàn"，但这一读音起源很晚。据唐宋诗词押韵用例，作为度量单位的"石"字，皆读入声而非去声。

本篇第三段五字对"滔滔三峡水，冉冉一溪春"一句的后五字，通行本《声律启蒙撮要》作"冉冉一溪冰"，但"冰"字在诗韵"平水韵"下平声"十蒸"韵，不在上平声"十一真"韵。今改"冰"为"春"，韵义两谐。

（一）

邪对正，假对真。

獬豸对麒麟①。

韩卢对苏雁②，陆橘对庄椿③。

韩五鬼④，李三人⑤。

北魏对西秦⑥。

蝉鸣哀暮夏⑦，莺啭怨残春⑧。

野烧焰腾红烁烁⑨，溪流波皱碧粼粼⑩。

行无踪，居无庐，颂成酒德⑪；动有时，藏有节，论著钱神⑫。

【注释】

①獬豸（xiè zhì）：传说中的独角神兽，能分辨曲直，见人相斗，则以角触邪恶无理者，是正义的化身。汉扬孚《异物志》载："北荒之中有兽，名獬豸，一角，性别曲直。见人斗则触不直者；闻人争则咋不正者。"中国古代御史大夫等执法官戴的冠，称獬豸冠；亦用"獬豸"指称御史。麒麟（qí lín）：古代传说中的一种动物。形状像鹿，头上有角，全身有鳞甲，尾像牛尾。古人以为仁兽、瑞兽，拿它象征祥瑞。《管子·封禅》："今凤凰麒麟不来，嘉谷不生。"比喻才能杰出的人。《晋书·顾和传》："和二岁丧父，总角便有清操，族叔荣雅重之，曰：'此吾家麒麟，兴吾宗者，必此子也。'"

②韩卢（lú）：狗名。亦作"韩子卢"或"韩獹"。战国时韩国良犬，色黑。见《战国策·秦策三》："以秦卒之勇，车骑之多，以当诸侯，譬若驰韩卢而逐蹇兔也。"宋鲍彪注："韩卢，俊犬名。《博物志》：'韩有黑犬，名卢。'"《战国策·齐策三》："韩子卢者，天下之壮犬也。"《广雅·释兽》："韩獹。"清王念孙疏证："《初学记》引《字林》云：'獹，韩良犬也……獹，通作卢。'"后亦泛指良犬。宋辛弃疾《满江红·和廓之雪》："记少年，骏马走韩卢，掀东郭。"亦喻指军士。清李渔《奈何天·分扰》："两下里分头逐鹿，各仗韩卢，并倚昆吾。"苏雁：苏武曾经用大雁传信（实为编造）。事见《汉书·苏武传》："昭帝即位数年，匈奴与汉和亲。汉求武等，匈奴诡言武死。后汉使复至匈奴，常惠请其守者与俱，得夜见汉使。具自陈过。教使者谓单于，言天子射上林中，得雁，足有系帛书，言武等在某泽中。使者大喜，如惠语以让单于。单于视左右而惊，谢汉使曰：'武等实在。'"

③陆橘（jú）：指三国时吴国陆绩怀藏橘子要带回去给自己的母亲一事。典出《三国志·吴书·陆绩传》："陆绩字公纪，吴郡吴人也。父康，汉末为庐江太守。绩年六岁，于九江见袁术。术出

橘，绩怀三枚，去，拜辞堕地，术谓曰：'陆郎作宾客而怀橘乎？'绩跪答曰：'欲归遗母。'术大奇之。"庄椿（chūn）：祝人长寿之词。语本《庄子·逍遥游》："上古有大椿者，以八千岁为春，八千岁为秋。"唐罗隐《钱尚父生日》："锦衣玉食将何报，更俟庄椿一举头。"

④韩五鬼：唐代文学家韩愈在《送穷文》中称命穷、智穷、学穷、文穷、交穷为"五穷鬼"。《送穷文》："主人应之曰：'子以吾为真不知也邪？子之朋侪，非六非四，在十去五，满七除二。各有主张，私立名字。掀手覆羹，转喉触讳。凡所以使吾面目可憎，语言无味者，皆子之志也。其名曰智穷：矫矫亢亢，恶圆喜方。羞为奸欺，不忍害伤。其次名曰学穷：傲数与名，摘抉杳微，高挹群言，执神之机。又其次曰文穷：不专一能，怪怪奇奇，不可时施，只以自嬉。又其次曰命穷：影与形殊，面丑心妍，利居众后，责在人先。又其次曰交穷：磨肌戛骨，吐出心肝，企足以待，置我仇冤。凡此五鬼，为吾五患。饥我寒我，兴讹造讪。能使我迷，人莫能间。朝悔其行，暮已复然。蝇营狗苟，驱去复还。'"

⑤李三人：李白诗中将自己和影子、明月称为三人。《月下独酌》："举杯邀明月，对影成三人。"

⑥北魏、西秦：此处指战国时期的魏国和秦国。因魏国在北边，故称"北魏"；秦国在西边，故称"西秦"。

⑦暮夏：旧时称夏天的最后一个月为"暮夏"，即农历六月。此时，夏天接近尾声。

⑧莺啭（zhuàn）：谓黄莺婉转而鸣。唐岑参《奉和中书舍人贾至早朝大明宫》："鸡鸣紫陌曙光寒，莺啭皇州春色阑。"啭，鸟儿婉转鸣叫。

⑨野烧：野火。唐严维《荆溪馆呈丘义兴》："野烧明山郭，寒更出县楼。""烧"作名词用，旧读去声。烁烁（shuò）：闪耀的样子。汉李陵《录别诗》："烁烁三星列，拳拳月初生。"

⑩粼粼（lín）：水流清澈貌，水石闪映貌。《诗经·唐风·扬之水》：

"扬之水,白石粼粼。"毛传:"粼粼,清澈也。"

⑪"行无踪"三句:语本晋刘伶《酒德颂》:"行无辙迹,居无室庐。"

⑫论著钱神:语本晋鲁褒《钱神论》:"动静有时,行藏有节。"

【译文】

歪斜对正直,虚假对真实。

獬豸对麒麟。

韩国的名犬对替苏武传书的大雁,陆绩怀藏的橘子对庄子笔下的椿树。

韩愈在文章里写过"五穷鬼",李白在诗中写过"对影成三人"。

北边的魏国对西边的秦国。

知了的叫声好像在哀叹夏天即将过去,黄莺的鸣叫似乎在怨恨春天转眼就到尽头。

野外烧荒时腾起红灿灿的火焰,溪水流动时皱起绿色的波纹。

"行无辙迹,居无室庐",是刘伶写的《酒德颂》里的句子;"动静有时,行藏有节",是鲁褒的《钱神论》中写过的语句。

(二)

哀对乐,富对贫。

好友对嘉宾。

弹冠对结绶①,白日对青春②。

金翡翠③,玉麒麟④。

虎爪对龙鳞⑤。

柳塘生细浪⑥,花径起香尘⑦。

闲爱登山穿谢屐⑧,醉思漉酒脱陶巾⑨。

雪冷霜严,倚槛松筠同傲岁⑩;日迟风暖⑪,满园花柳各争春⑫。

【注释】

① 弹冠（guān）：弹除帽子上的灰尘，整理帽冠。语出《汉书·王吉传》："吉与贡禹为友，世称：'王阳在位，贡公弹冠。'言其取舍同也。"比喻相友善者援引出仕。结绶（shòu）：佩系印绶。谓出仕为官。绶，系在印信上的丝带。语出《汉书·萧育传》："（萧育）少与陈咸、朱博为友，著闻当世。往者有王阳、贡公，故长安语曰：'萧、朱结绶，王、贡弹冠。'言其相荐达也。"又，"弹冠结绶"为成语，指朋友之间互相援引出仕。

② 白日：指太阳，亦指白昼。青春：指春天。春季草木茂盛，其色青绿，故称。《楚辞·大招》："青春受谢，白日昭只。"汉王逸注："青，东方春位，其色青也。"唐杜甫《闻官军收河南河北》："白日放歌须纵酒，青春作伴好还乡。"

③ 金翡（fěi）翠：一般指镶金的翡翠饰品。唐令狐楚《远别离二首》其一："玳织鸳鸯履，金装翡翠簪。"又，翡翠即翠鸟。旧时妇女喜用翠羽作装饰。唐陈子昂《感遇诗》："翡翠巢南海，雄雌珠树林。何知美人意，骄爱比黄金。杀身炎州里，委羽玉堂阴。旖旎光首饰，葳蕤烂锦衾。岂不在遐远，虞罗忽见寻。多材信为累，叹息此珍禽。"故"金翡翠"可指翠鸟，唐韦庄《归国遥》："金翡翠，为我南飞传我意。"亦可指有翡翠鸟图样的帷帐或罗罩。唐李商隐《无题》诗之一："蜡照半笼金翡翠，麝熏微度绣芙蓉。"刘学锴、余恕诚集解："金翡翠，以金线绣成翡翠鸟图样之帷帐……或曰金翡翠指有翡翠鸟图样之罗罩，眠时用以罩在烛台上掩暗烛光。"

④ 玉麒麟（qí lín）：指用玉石雕的麒麟印纽。《晋书·元帝纪》："于时有玉册见于临安，白玉麒麟神玺出于江宁。"亦用以借指符信。宋陆游《送陈德邵宫教赴行在二十韵》："同舍事容悦，腰佩玉麒麟。群谀更得志，后来如积薪。"

⑤ 虎爪：老虎的爪子。亦指虎爪形文饰。《后汉书·舆服志下》：

"佩刀……小黄门雌黄室，中黄门朱室，童子皆虎爪文。"又为书体名。晋挚虞《决疑要注》："尚书台召人，用虎爪书，告下用偃波书，皆不可卒学，以防矫诈。"因"虎爪书"为尚书台召人专用书体，故古代中国的委任状用虎爪书写在木板上，称"虎爪板"。明杨慎《丹铅总录·官爵·虎爪板》："宋王微与江湛书云：'所以绵络累纸，本不营尚书虎爪板也。'古者召、奏用虎爪书。晋宋之代，大臣皆得自辟除官属，以板召之，谓之板官。"

⑥柳塘：周围植柳的池塘。唐严维《酬刘员外见寄》："柳塘春水慢，花坞夕阳迟。"细浪：微小的波纹。唐杜甫《城西陂泛舟》："鱼吹细浪摇歌扇，燕蹴飞花落舞筵。"

⑦花径：花间的小路。南朝梁庾肩吾《和竹斋诗》："向岭分花径，随阶转药栏。"香尘：芳香之尘。多指随女子之步履而起者。语出晋王嘉《拾遗记·晋时事》："（石崇）又屑沉水之香如尘末，布象床上，使所爱者践之。"唐杜牧《金谷园》："繁华事散逐香尘，流水无情草自春。"

⑧谢屐（jī）：一种前后齿可装卸的木屐。原为南朝宋诗人谢灵运游山时所穿，故称。事见《宋书·谢灵运传》："寻山陟岭，必造幽峻，岩嶂十重，莫不备尽。登蹑常着木履，上山则去其前齿，下山去其后齿。"《南史·谢灵运传》引此作"木屐"。唐李白《梦游天姥吟留别》："脚着谢公屐，身登青云梯。"

⑨漉（lù）：过滤。陶巾：亦作"陶令巾"。指陶潜（渊明）的软帽。典出《宋书·隐逸传·陶潜》："郡将候潜，值其酒熟，取头上葛巾漉酒毕，还复着之。"后因以为文人放诞闲适之典。宋陆游《开元暮归》："日暖登山思谢屐，病余漉酒负陶巾。"巾，是古人戴在头顶用来包裹发髻的丝麻织品。晋代陶渊明酿酒，酒熟之后就用自己头上戴的葛巾过滤，滤完之后再把葛巾戴到头上。

⑩槛（jiàn）：栏杆。松筠（yún）：松树和竹子。《礼记·礼器》："其

在人也,如竹箭之有筠也,如松柏之有心也。二者居天下之大端矣,故贯四时而不改柯易叶。"后因以"松筠"喻节操坚贞。唐武元衡《安邑里中秋怀寄高员外》:"欲识岁寒心,松筠更秋绿。"筠,竹子的青皮,借指竹子。

⑪日迟:即日迟迟。形容白日很长,阳光温暖、光线充足的样子。《诗经·豳风·七月》:"春日迟迟,采蘩祁祁。"宋朱子集传:"迟迟,日长而暄也。"《西京杂记》卷四引汉枚乘《柳赋》:"阶草漠漠,白日迟迟。"

⑫花柳:花和柳。花开柳绿,是春天的标志。唐杜甫《遭田父泥饮美严中丞》:"步屧随春风,村村自花柳。"

【译文】

悲哀对快乐,富裕对贫穷。

好朋友对好客人。

弹去帽子上的灰尘对整理系印的带子,明亮的太阳对明媚的春天。

镶金的翡翠,玉制的麒麟。

老虎的爪子对巨龙的鳞甲。

柳枝拂过池塘,产生细细的波纹;开满鲜花的小路,扬起有香味的尘土。

空闲的时候,爱如谢灵运一样穿着木屐登山;喝醉的时候,想像陶渊明那样用头巾滤酒。

霜雪寒冷,栏杆外的松树和竹子都能傲然面对冬天;太阳融和春风温暖,园子里鲜花开放、柳条泛绿,争先恐后地展示春天的气息。

（三）

香对火,炭对薪①。

日观对天津②。

禅心对道眼③,野妇对宫嫔④。

仁无敌⑤，德有邻⑥。

万石对千钧⑦。

滔滔三峡水⑧，冉冉一溪春⑨。

充国功名当画阁⑩，子张言行贵书绅⑪。

笃志诗书⑫，思入圣贤绝域⑬；忘情官爵⑭，羞沾名利纤尘⑮。

【注释】

①薪（xīn）：柴薪。

②日观（guàn）：泰山峰名。为著名的观日之处。北魏郦道元《水经注·汶水》引汉应劭《汉官仪》："泰山东南山顶名曰日观。日观者，鸡一鸣时，见日始欲出。长三丈许，故以名焉。""观日"之"观"，是动词，读平声。"日观"之"观"，是名词，读去声。南朝宋颜延之《车驾幸京口侍游蒜山作》："元天高北列，日观临东溟。"唐元结《窊尊诗》："岂无日观峰，直下临沧溟。"唐诗用例，日观峰之"观"，皆读去声。天津：天河的渡口。《楚辞·离骚》："朝发轫于天津兮，夕余至乎西极。"汉王逸注："天津，东极箕斗之间，汉津也。"亦为桥名，即天津桥，故址在今河南洛阳西南。隋炀帝大业元年（605）迁都，以洛水贯都，有天汉津梁的气象，因建此桥，名曰"天津"。隋末为李密烧毁，唐宋屡次改建加固，金以后废圮。唐白居易《和友人洛中春感》："莫悲金谷园中月，莫叹天津桥上春。"

③禅（chán）心：佛教用语。谓清静寂定的心境。南朝梁江淹《吴中礼石佛》："禅心暮不杂，寂行好无私。"道眼：佛教用语。指能洞察一切，辨别真妄的眼力。《敦煌变文汇录·维摩诘经问疾品变文》："必使天龙开道眼，教伊八部悟深因。"宋苏轼《与王定国

书》："粉白黛绿者,俱是火宅中狐狸、射干之流,愿公以道眼照破。"

④野妇:乡野村妇。宋张耒《田家三首》其二:"插花野妇抱儿至,曳杖老翁扶背行。"宫嫔(pín):宫女妃嫔,指帝王侍妾。唐和凝《宫词百首》其十六:"金殿夜深银烛晃,宫嫔来奏月重轮。"

⑤仁无敌:即"仁者无敌",意为仁者无敌于天下。语出《孟子·梁惠王上》:"地方百里而可以王。王如施仁政于民,省刑罚,薄税敛,深耕易耨。壮者以暇日修其孝悌忠信,入以事其父兄,出以事其长上,可使制梃以挞秦楚之坚甲利兵矣。彼夺其民时,使不得耕耨以养其父母,父母冻饿,兄弟妻子离散。彼陷溺其民,王往而征之,夫谁与王敌? 故曰:'仁者无敌。'王请勿疑!"是梁惠王在向孟子请教如何为政时,孟子说的话。

⑥德有邻:有道德的人一定会有人同他相亲近。语出《论语·里仁》:"德不孤,必有邻。"朱注:"邻,犹亲也。德不孤立,必以类应。故有德者,必有其类从之,如居之有邻也。"

⑦万石(shí):石为古代的度量单位,三十斤为钧,四钧为石,一石合一百二十斤。汉代俸禄,以石为单位。郡守俸禄为二千石。汉景帝时大臣石奋及其四子皆位至二千石,号称"万石君"。后指一家有五人官至二千石或一家多人为大官者,为"万石"。汉代三公别称万石。后泛指官职高的人。唐颜师古《百官公卿表》题解:"汉制,三公号称万石,其俸月各三百五十斛谷。"今人多将作为度量单位的"石"字念作"dàn",但这一读音起源很晚。据唐宋诗词押韵用例,作为度量单位的"石"字,皆读入声而非去声。千钧:三十斤为一钧,千钧即三万斤。常用来形容器物之重或力量之大。《商君书·错法》:"乌获举千钧之重,而不能以多力易人。"后多以"千钧重负"指责任重大,以"千钧一发"比喻万分危急。《汉书·律历志》:"三十斤为钧,四钧为石。"

⑧滔滔:形容水势奔流迅急。三峡:瞿塘峡、巫峡、西陵峡的合称。

地当长江上游,介于四川、湖北两省之间,长七百里,两岸连山,绝无断处,滩多水急,舟行甚险。

⑨冉冉(rǎn):形容水流缓慢的样子。该句句末三字,通行本《声律启蒙撮要》作"一溪冰",但"冰"字,在诗韵("平水韵")下平声"十蒸"韵,不在上平声"十一真"。今改"冰"为"春",则韵义两谐。又,涂时相本,此句作"滔滔三峡水,陌陌九街尘"。

⑩充国:指西汉大臣赵充国(前137—前52),字翁孙,陇西上邽(今甘肃天水)人,后徙金城令居(今甘肃永登)。善骑射,有谋略,熟知边情。武帝时,以六郡良家子补羽林,以假司马从贰师将军李广利击匈奴,以功拜中郎,迁车骑将军长史。昭帝时,以大将军护军都尉率兵平定武都氐人起兵,迁中郎将、水衡都尉。又击匈奴,擢后将军。昭帝死,与霍光迎立宣帝,封营平侯。将兵屯边,匈奴不敢犯。神爵元年(前61),先零羌叛,赵充国以计破之。甘露二年(前52)卒,年八十六。谥壮。甘露三年(前51),汉宣帝命人画功臣像于麒麟阁,赵充国居其一。事见《汉书》本传。画阁:指汉宣帝命人画功臣像于麒麟阁一事。

⑪子张(前503—?):复姓颛孙,名师,字子张,春秋末期陈国人。孔子弟子,位列孔门"七十二贤人"之一。书绅(shēn):典出《论语·卫灵公》:"子张问行。子曰:'言忠信,行笃敬,虽蛮貊之邦行矣;言不忠信,行不笃敬,虽州里行乎哉?立,则见其参于前也;在舆,则见其倚于衡也。夫然后行。'子张书诸绅。"孔子的弟子子张曾将孔子"言忠信,行敬笃"的教诲写在带子上,以示牢记不忘。书绅,指在衣带上写字。绅,束在腰间,一头垂下的带子。"言行"之"行",旧读去声,与"功名"之"名",是仄对平。在声律上,对偶可以成立。

⑫笃(dǔ)志:专心致志,一心一意。

⑬绝域(yù):隔绝难通的边远地方,这里指学问上难以达到的至高

　　境界。唐韩愈《重答张籍书》："吾子不以愈无似,意欲推而纳诸
　　圣贤之域,拂其邪心,增其所未高,谓愈之质有可以至于道者。"

⑭忘情:无动于衷,不为所惑。

⑮纤(xiān)尘:微尘,细尘,比喻微不足道的事务。

【译文】

焚香对点火,煤炭对木柴。

日观峰对天津桥。

寂静安定的心境对潇洒飘逸的眼界,乡下的妇女对宫里的妃嫔。

仁爱者无敌,贤德者有邻伴。

万石对千钧。

三峡水浩浩荡荡,小溪缓缓流淌春意。

赵充国功名卓著,有资格享受遗像被画在麒麟阁的待遇;子张的可贵之处在于能将孔子关于"言行"的教诲写在衣带上牢记不忘。

立志钻研诗书,想要进入圣人贤士的领域;对做官不感兴趣,羞于和名利扯上丝毫的关系。

上平十二文

【题解】

　　本篇共三段,皆为韵文。每段韵文,由若干句对仗的联语组成。每句皆押"平水韵"上平声"十二文"韵。

　　本篇每句句末的韵脚字,"文""军""芬""薰""闻""分""云""曛""欣""殷""黉""坟""群"等,在传统诗韵("平水韵")里,都归属于上平声"十二文"这个韵部。这些字,在普通话里,韵母有的是"en",有的是"in",有的是"un",有的是"ün";声调有读第一声的,有读第二声的。

　　需要注意的是:普通话"en""in""un""ün"等韵母的字,并不都属于"平水韵"上平声"十二文"韵,也有可能属于上平声"十一真"韵、"十三元"韵,或下平声"十二侵"韵。尤需注意的是:"十二文"韵的字,和上平声

"十一真"韵、"十三元"韵（一部分）是邻韵，填词时可以通押，写近体诗时不可通押；但和下平声"十二侵"韵不是邻韵，不仅写近体诗时不可通押，填词时亦不可以通押。这是因为，"十二侵"韵属于闭口韵，即它的韵母实际上是收 [m] 尾，而非 [n] 尾。在中古音系统里，下平"十二侵"和上平"十一真""十二文"，它们的韵尾不同。

　　本篇第三段五字对"蔡茂对刘蕡"一句，清后期通行本《声律启蒙撮要》作"蔡惠对刘蕡"。但据《后汉书》，当作"蔡茂"。且，明涂时相本作"蔡茂"。故我们改通行本"蔡惠"为"蔡茂"。

　　第三段长对"鸟翼长随，凤兮洵众禽长；狐威不假，虎也真百兽君"一句末三字，坊本作"百兽尊"，"尊"字在"平水韵""十三元"部，"君"字在"平水韵""十二文"部，今改"尊"为"君"，以合韵部，且与《说文解字》（"虎，山兽之君。"）相合。又，涂时相本，此句作"虎威不假，狐难为百兽君"。

（一）

家对国，武对文。

四辅对三军①。

"九经"对"三史"②，菊馥对兰芬③。

歌北鄙④，咏南熏⑤。

迩听对遥闻⑥。

召公周太保⑦，李广汉将军⑧。

闻化蜀民皆草偃⑨，争权晋土已瓜分⑩。

巫峡夜深⑪，猿啸苦哀巴地月⑫；衡峰秋早，雁飞高贴楚天云⑬。

【注释】

①四辅：官名。相传古代天子有四个辅佐官，称"四辅"。具体说法不一。《尚书·洛诰》有"四辅"之称，《尚书·益稷》有"四邻"，《史记·夏本纪》作"四辅"。至《尚书大传》、贾谊《新书》始有疑、承、辅、弼（《新书》作道、弼、辅、承）为"四辅"之说，皆出于秦汉间人的依托。至王莽托古改制，置四辅以配三公，又为其子置师疑、傅承、阿辅、保拂（弼）之官。明太祖曾置春、夏、秋、冬官，亦称"四辅"。又，四辅为四星并称之名。说法不一。或指房宿四星。《史记·天官书》："犯四辅，辅臣诛。"唐司马贞索隐："四辅，房四星也。房以辅心，故曰四辅。"或指北极星旁的四星，亦称"四弼"。《宋史·天文志二》："四辅四星，又名四弼，在极星侧，是曰帝之四邻，所以辅佐北极，而出度授政也。去极星各四度。"或指东蕃四星。《晋书·天文志上》："东蕃四星，南第一星曰上相，其北，东太阳门也；第二星曰次相，其北，中华东门也；第三星曰次将，其北，东太阴门也；第四星曰上将：亦曰四辅也。"又，四辅亦可指国都附近的州郡。唐开元中以近畿之州为四辅，即同、华、岐、蒲四州。见宋王应麟《小学绀珠·地理类·四辅》。宋崇宁间所置四辅郡，以颍昌府为南辅，襄邑县为东辅，郑州为西辅，澶州为北辅。见《宋史·徽宗纪二》。三军：周代的制度规定天子有六军，诸侯大国有三军（中军最尊，上军次之，下军又次之），一军为一万二千五百人，三军合三万七千五百人。《周礼·夏官·司马》："凡制军，万有二千五百人为军。王六军，大国三军，次国二军，小国一军。"亦可作军队的通称。《论语·子罕》："三军可夺帅也，匹夫不可夺志也。"又指步、车、骑三军。《六韬·战车》："步贵知变动，车贵知地形，骑贵知别径、奇道，三军同名而异用。"

②"九经"：儒家的九部经典，具体说法不一。《汉书·艺文志》指

《易》《书》《诗》《礼》《乐》《春秋》《论语》《孝经》及小学。唐陆德明《经典释文录》指《易》《书》《诗》《周礼》《仪礼》《礼记》《春秋》《孝经》《论语》。《初学记》所引"九经",与《经典释文》略异,有《左传》《公羊》《穀梁》,无《春秋》《孝经》《论语》。宋刊白文"九经"则有《易》《书》《诗》《左传》《礼记》《仪礼》《周礼》《论语》《孟子》。"三史":魏晋六朝以《史记》《汉书》《东观汉记》为"三史",唐代以后《东观汉记》失传,于是以《史记》《汉书》《后汉书》为"三史"。五代齐己《酬九经者》:"九经三史学,穷妙又穷微。"

③菊馥(fù):形容菊花香气馥郁。馥,香气浓郁。兰芬:形容兰花芬芳宜人。

④北鄙(bǐ):国家的北部边境地区。传说殷纣王喜爱北鄙的音乐,因此北鄙之声也被称为亡国之音。《史记·乐书》:"纣为朝歌北鄙之音,身死国亡。"《淮南子·泰族训》:"师涓为平公鼓朝歌北鄙之音,师旷曰:'此亡国之乐也!'"汉刘向《说苑·修文》:"纣为北鄙之声,其废也忽焉,至今王公以为笑。"《孔子家语·辩乐解》:"殷纣好为北鄙之声,其废也忽焉。"

⑤南熏(xūn):舜弹五弦琴,曾经作《南风》诗,诗中有"南风之熏兮,可以解吾民之愠兮"的句子。后世以南熏为和煦、抚育的意思。

⑥迩(ěr):近。

⑦召(shào)公:或作邵公、召康公。姬姓,名奭(shì),谥康。西周开国重臣。初受采邑于召。辅佐周武王灭纣,支持周公东征,以功封于北燕,为燕国始祖(实由其子就封地)。成王时任太保一职,与周公分陕而治,治陕以西地。常巡行乡邑,听讼决狱治事,深得百姓爱戴。卒后,民思其政,作《甘棠》诗咏之。

⑧李广(?—前119):西汉名将,陇西成纪(今甘肃天水)人。文帝时,以良家子从军击匈奴,为郎、武骑常侍。景帝时为骁骑都尉。后任陇西、北地、雁门等郡太守。武帝时,入为未央卫尉。后为

右北平太守。猿臂善射，爱护士卒。匈奴畏惧，数年不敢犯边，称之为飞将军。元狩四年（前119），从大将军卫青击匈奴，因迷路误期被责赴幕府对簿，自刭死。李广曾七任边郡太守，前后四十年与匈奴打过七十多次仗，深得士心，却始终未能封侯。故后人以"李广未封""李广不侯""李广难封"慨叹功高不爵，命运乖舛。唐王勃《滕王阁序》："冯唐易老，李广难封。"

⑨闻化蜀民皆草偃（yǎn）：此句写西汉蜀郡太守文翁，治蜀有方，百姓顺服他，像风吹草伏一样。蜀，地名。今四川一带。草偃，像草一样弯曲身体，比喻臣服顺从。《论语·颜渊》："君子之德风，小人之德草，草上之风，必偃。"指在上者能以德化民，则民之向化，犹风吹草仆，相率从善。

⑩争权晋土已瓜分：此句写三家分晋之事。春秋晚期，晋国始有六卿：智氏、赵氏、韩氏、范氏、魏氏、中行氏。范氏、中行氏、智氏先后被灭，只剩下赵、魏、韩三家。周威烈王二十三年（前403），周天子封赵、魏、韩三家为诸侯。周安王二十六年（前376），晋公室剩余土地被赵、魏、韩三家全部瓜分。故赵、魏、韩又号"三晋"。

⑪巫峡：长江三峡之一。一称大峡。西起重庆巫山大溪，东至湖北巴东官渡口。因巫山得名。两岸绝壁，船行极险。北魏郦道元《水经注·江水二》："其间首尾百六十里，谓之巫峡，盖因山为名也……每至晴初霜旦，林寒涧肃，常有高猿长啸，属引凄异，空谷传响，哀转久绝。故渔者歌曰：'巴东三峡巫峡长，猿鸣三声泪沾裳。'"

⑫啸（xiào）：撮口发出长而清脆的声音。巴：地名。指今四川东部地区。

⑬"衡峰秋早"二句：衡山七十二峰，其一为雁回峰，相传大雁南飞，至此回旋。衡峰，衡山，在今湖南，是五岳中的南岳。楚，战国时期有楚国，在今湖南、湖北一带，后来就用楚来代指湖南、湖北等地区。

【译文】

家对国,武力对文化。

四位辅佐大臣对三种常备军队。

九种典籍对三部史书,菊花的浓香对兰花的清芬。

唱北部边地的歌曲,吟咏舜帝作的《南风》诗。

近处听对远远地听。

召公是周朝的太保,李广是汉代的将军。

四川的百姓受到教化之后都很顺服,晋国的领土因为大臣争权已被瓜分。

巫峡的夜晚十分漫长,猿猴对着巴地的月亮苦苦哀啸;衡山的秋天来得很早,大雁贴着楚国天空的云朵高高飞翔。

（二）

敧对正①,见对闻②。

偃武对修文③。

羊车对鹤驾④,朝旭对晚曛⑤。

花有艳,竹成文⑥。

马燧对羊欣⑦。

山中梁宰相⑧,树下汉将军⑨。

施帐解围嘉道韫⑩,当垆沽酒叹文君⑪。

好景有期,北岭几枝梅似雪;丰年先兆,西郊千顷稼如云⑫。

【注释】

①敧（qī）:倾斜。

②闻:听闻。

③偃（yǎn）武：停止使用武力。修文：采取措施加强文治，主要指修治典章制度，提倡礼乐教化等。语典出自《尚书·武成》："乃偃武修文，归马于华山之阳，放牛于桃林之野，示天下弗服。"是说周武王克商之后，将曾在战场服役的牛马都放了，向天下表示从今不再有战争。

④羊车：宫中用羊牵引的小车。《晋书·胡贵嫔传》："（晋武帝）常乘羊车，恣其所之，至便宴寝。宫人乃取竹叶插户，以盐汁洒地，而引帝车。"《南史·潘淑妃传》亦载此，则以为潘淑妃事。后常以羊车降临表示宫人得宠，不见羊车表示宫怨。羊车，又指辇车。《晋书·舆服志》："羊车，一名辇车，其上如轺，伏兔箱，漆画轮辀。武帝时，护军羊琇辄乘羊车，司隶刘毅纠劾其罪。"羊车又指古代一种装饰精美的小车。《释名·释车》："羊车。羊，祥也；祥，善也。善饰之车。"《隋书·礼仪志五》："（羊车）其制如轺车，金宝饰，紫锦幰，朱丝网。驭童二十人，皆两鬟髻，服青衣，取年十四五者为，谓之羊车小史。驾以果下马，其大如羊。"《晋书·卫玠传》：载卫玠"总角乘羊车入市，见者皆以为玉人，观之者倾都"。后人遂以"羊车过市"比喻男子才美绝伦，引人羡慕注目。鹤驾：传说仙人王子乔是周灵王的太子，后来骑鹤成仙，后人就称太子或仙人的车驾为鹤驾。亦作为去世的讳称。典出旧题汉刘向《列仙传·王子乔》："王子乔，周灵王太子晋也。好吹笙，作凤鸣。游伊洛间，道士浮丘公接上嵩山。十余年后，来于山上，告桓良曰：'告我家，七月七日待我缑氏山头。'果乘白鹤驻山颠，望之不得到，举手谢时人而去。"《太平广记·神仙四·王子乔》亦引此，而文字稍有出入。

⑤朝旭（zhāo xù）：初升的太阳。唐杜甫《水阁朝霁奉简严云安》："崔嵬晨云白，朝旭射芳甸。"晚曛（xūn）：落日的余晖。宋裘万顷《松斋秋咏吹黄存之韵》："据梧枝策事纷纭，楼上看山对晚曛。"

⑥文：通"纹"，美丽的纹路、纹理。

⑦马燧（suì，726—795）：字洵美，汝州郏城（今河南郏县）人。少学兵书战策，沉勇多算。安禄山反，燧劝范阳留守贾循归唐，循犹豫不决被杀，燧脱逃。代宗宝应中，累迁郑、怀、陇、商等州刺史。大历中，屡破李灵耀、田悦，迁河东节度使。入迁检校兵部尚书，封幽国公，进同中书门下平章事，封北平郡王。复以平李怀光功，迁光禄大夫，兼侍中，德宗赐《宸扆》《台衡》二铭，言君臣相成之美。后以击吐蕃，误信与盟，致被袭击。遂罢节度使，解兵权，拜司徒，兼侍中。卒谥庄武。马燧是中唐名将，与李晟、浑瑊并称"三大将"。羊欣（370—442）：字敬元，泰山南城（今山东平邑）人。王献之外甥。泛览经籍，尤长隶书。仕晋为辅国参军。安帝隆安中，朝廷渐乱，不事司马元显、桓玄等权贵，屏居里巷十余年。入宋，为新安太守，为政以简惠著称。好黄老，善医术，有《药方》。《宋书》有传。

⑧山中梁宰相：指南朝人陶弘景（456—536），字通明，丹阳秣陵（今江苏南京）人。读书万卷，善琴棋，工草隶，博通历算、地理、医药等。萧道成（齐高帝）为相时，引为诸王侍读，除奉朝请。齐武帝永明十年（492），隐居句容句曲山。梁武帝礼聘不出，然朝廷大事，每以咨询，时称"山中宰相"。晚号华阳真逸。主张儒、佛、道合流。有《本草经集注》《肘后百一方》等。谥贞白先生。

⑨树下汉将军：指东汉开国大将冯异（？—34），字公孙，颍川父城（今河南宝丰）人。从刘秀安定河北，为偏将军。性谦让，诸将争功时，常退避树下，军中号为"大树将军"。刘秀称帝后，被封为阳夏侯，任征西大将军。后病死军中。明帝时，被列为"云台二十八将"之一。《后汉书·冯异传》："异为人谦退不伐，行与诸将相逢，辄引车避道。进止皆有表识，军中号为整齐。每所止舍，诸将并坐论功，异常独屏树下，军中号曰'大树将军'。及破邯

郸,乃更部分诸将,各有配隶。军士皆言愿属大树将军,光武以此多之。"

⑩施帐解围:典出《晋书·列女传》:"凝之弟献之尝与宾客谈议,词理将屈,道韫遣婢白献之曰:'欲为小郎解围。'乃施青绫步鄣自蔽,申献之前议,客不能屈。"是说王凝之的弟弟王献之与宾客清谈,有时理屈词穷,嫂子谢道韫便替他解围,在帐帷后面重述引申王献之的理论,来客不能将她驳倒。道韫(yùn):即谢道韫,陈郡阳夏(今河南太康)人。谢安之兄谢奕女,王羲之次子王凝之妻。曾在家赏雪,谢安问如何形容雪花,其侄谢朗答"撒盐空中差可拟",道韫认为"未若柳絮因风起",受到谢安称赏。后世因而称女子的诗才为"咏絮才"。安帝隆安三年(399),孙恩起兵攻会稽,杀会稽内史王凝之,谢道韫曾手刃乱兵数人。谢道韫善属文,所著诗赋诔颂并传于世。

⑪当垆(lú):指卖酒。垆,旧时酒店里安放酒瓮的土台子,亦指酒店。沽(gū)酒:卖酒。文君:即卓文君,蜀郡临邛(今四川邛崃)人。富商卓王孙女。善鼓琴,通音律,受司马相如琴音之挑,与相如私奔成都;又返临邛,当垆卖酒。王孙耻之,分与财物,遂成富人。相传后因相如将纳妾,曾作《白头吟》一诗以自绝,相如遂止。文君当垆,典出《史记·司马相如列传》:"相如与俱之临邛,尽卖其车骑,买一酒舍酤酒,而令文君当炉。相如身自着犊鼻裈,与保庸杂作,涤器于市中。"

⑫稼(jià)如云:语典出自《文选·(李萧远)运命论》:"褰裳而涉汶阳之丘,则天下之稼如云矣。"唐李善注:"如云,言多也。"后人遂用"稼如云"形容庄稼繁盛。唐白居易《与诸公同出城观稼》:"不忧头似雪,但喜稼如云。"唐蒋防《秋稼如云》:"肆目如云处,三田大有秋。葱茏初蔽野,散漫正盈畴。"

【译文】

歪斜对正直,目睹对耳闻。

放弃武力对提倡文教。

宫中的小车对太子的车驾,朝阳的光华对落日的余晖。

花朵有鲜艳的颜色,竹子有细密的纹理。

唐代马燧对晋代羊欣。

梁朝陶弘景被称为山中宰相,汉代冯异被称为大树将军。

坐在帐子里替王献之解决困境,谢道韫的才华令人赞赏;站在柜台前面和司马相如一起卖酒,卓文君的遭遇和美德令人感叹。

北岭有几枝梅树已经绽开了雪一样的花朵,很快就可以观赏美景;西郊上千顷的庄稼长得像云一样繁盛,这是丰年的预兆。

（三）

尧对舜①,夏对殷②。

蔡茂对刘蕡③。

山明对水秀,"五典"对"三坟"④。

唐李、杜⑤,晋机、云⑥。

事父对忠君⑦。

雨晴鸠唤妇⑧,霜冷雁呼群⑨。

酒量洪深周仆射⑩,诗才俊逸鲍参军⑪。

鸟翼长随,凤兮洵众禽长⑫;狐威不假⑬,虎也真百兽君。

【注释】

①尧(yáo)、舜(shùn):指上古贤君尧帝和舜帝。尧,又称"唐尧"。据《史记·五帝本纪》,尧名放勋,乃帝喾之子、帝挚之弟,以仁德著称,在位期间,从民间选举贤人舜,命其摄政,并最终传位于

舜。尧、舜禅让，是中国历史的美谈。舜，见前注。

②夏、殷（yīn）：指夏朝和商朝。夏为帝禹开创，至夏桀时，为商汤王所灭，是中国历史上第一个王朝。商为商汤王开创，至商纣王时，为周武王所灭。商朝的甲骨文和青铜器，举世闻名。

③蔡（cài）茂（前24—47）：字子礼，河内怀县（今河南武陟）人。以儒学闻名，西汉哀帝、平帝年间征试博士，以高等拜议郎，迁侍中。不仕新莽。东汉光武帝建武初年征拜议郎，迁广汉太守，官至司徒。曾上书乞禁制贵戚，赞扬洛阳令董宣。蔡茂任广汉太守时，曾梦见禾穗而又失去，郭贺给他圆梦，说得"禾"复"失"，是为"秩"，乃升官之兆。没过多久，蔡茂果然升官。《后汉书·蔡茂传》："茂初在广汉，梦坐大殿，极上有三穗禾，茂跳取之，得其中穗，辄复失之。以问主簿郭贺，贺离席庆曰：'大殿者，官府之形象也。极而有禾，人臣之上禄也。取中穗，是中台之位也。于字禾失为秩，虽曰失之，乃所以得禄秩也。衮职有阙，君其补之。'旬月而茂征焉，乃辟贺为掾。"旧注："惠梦得禾复失，郭乔曰：'禾失为秩，当进爵。'果然。"即指此事，但人名不准确。据《后汉书》，郭贺，字乔卿。蔡茂梦禾，历代传为美谈，既见于正史《后汉书》，又为《弘明集》《搜神记》《初学记》《艺文类聚》《太平御览》诸书所征引，人名皆无误，不知《声律启蒙撮要》何以误作"蔡惠"。"惠""茂"二字，形、音皆不近，令人费解。刘蕡（fén，？—约842）：字去华，幽州昌平（今属北京）人。唐敬宗宝历二年（826）进士，著名的直言敢谏之士。为学精于《左氏春秋》。唐文宗大和二年（828）策试贤良方正直言极谏科，蕡对策言论激切，极言宦官专横之祸，考官叹服，而不敢取。同场登科者为之叫屈，云"刘蕡下第，我辈登科，能无厚颜"，请让功名。后令狐楚、牛僧孺等镇守地方时，征召刘蕡为幕僚从事，授秘书郎。终因宦官诬害，贬为柳州司户参军，客死异乡。两《唐书》有传。唐李商隐

《哭刘蒉》："上帝深宫闭九阍，巫咸不下问衔冤。黄陵别后春涛隔，溢浦书来秋雨翻。只有安仁能作诔，何曾宋玉解招魂。平生风义兼师友，不敢同君哭寝门。"传诵一时。亦可见其人于士林之影响。

④"五典""三坟"：传说中的上古书名。少昊、颛顼、高辛、唐、虞之书为"五典"。旧注云："伏羲本山坟作《易》曰《连山》，神农本气坟作《易》曰《归藏》，黄帝本形坟作《易》曰《坤乾》"，共称'三坟'。《左传·昭公十二年》："（倚相）能读'三坟''五典''八索''九丘'。"晋杜预注："皆古书名。"《文选·（张衡）东京赋》："昔常恨'三坟''五典'既泯，仰不睹炎帝帝魁之美。"三国吴薛综注："'三坟'，三皇之书也；'五典'，五帝之书也。"汉孔安国《尚书序》："伏羲、神农、黄帝之书，谓之'三坟'，言大道也；少昊、颛顼、高辛、唐、虞之书，谓之'五典'，言常道也。"

⑤李、杜：指唐代大诗人李白、杜甫，二人齐名，合称"李杜"。李白，见前注。杜甫（712—770），字子美，河南巩县（今河南巩义）人。唐代著名诗人。其十三世祖杜预，乃京兆杜陵（今陕西西安）人，故杜甫自称"杜陵布衣"，即指其郡望。十世祖杜逊，东晋时南迁襄阳（今属湖北），故或称襄阳杜甫，乃指其祖籍。而杜甫一度曾居长安城南少陵附近，故又尝自称"少陵野老"，世称"杜少陵"。唐肃宗至德二载（757），杜甫官任左拾遗，故世称"杜拾遗"。唐代宗广德二年（764），剑南节度使严武聘杜甫为节度使署中参谋，又荐为检校工部员外郎，故又称"杜工部"。杜甫现存诗歌一千四百四十余首。宋人王洙所编《杜工部集》二十卷，为今存之最早版本。杜甫亲身经历安史之乱，诗作反映社会现实深刻，有"诗史"之誉。杜甫是中国古代诗歌集大成者，被后世尊为"诗圣"。

⑥机、云：指晋代陆机、陆云兄弟，二人以文齐名，合称"二陆"。陆机（261—303），字士衡，吴郡吴县（今江苏苏州）人。其祖父陆

逊、父亲陆抗，皆为东吴名臣。少领父兵为牙门将。吴亡，退居勤学，作《辩亡论》。晋武帝太康末，与弟陆云入洛，文才倾动一时。仕晋，曾官平原内史，故世称"陆平原"。晋惠帝太安二年（303），任后将军、河北大都督，率军讨伐长沙王司马乂，兵败被谗，为成都王司马颖所杀。有《陆士衡集》。陆机诗重藻绘排偶，骈文亦佳。是西晋太康时期文坛代表人物。陆云（262—303），字士龙，吴郡吴县（今江苏苏州）人。年十六，举贤良。晋武帝太康末，随兄机入洛。仕晋，历官尚书郎、侍御史、中书侍郎、清河内史等职，世称"陆清河"。晋惠帝太安二年（303年），与兄陆机同时遇害。今存《陆士龙集》辑本。

⑦事父、忠君：语本《孝经》："资于事父以事母，而爱同；资于事父以事君，而敬同。故母取其爱，君取其敬，兼之者父也。故以孝事君则忠，以敬事长则顺。"唐李隆基注，于"故以孝事君则忠"句下云"移事父孝以事于君，则为忠矣"。

⑧雨晴鸠（jiū）唤妇：据说天将要下雨时，雄鸠占巢躲雨就会把雌鸠逐出窝去；雨过天晴，雄鸠又会急切地唤雌鸠快回巢。宋欧阳修《鸣鸠》："天将阴，鸣鸠逐妇鸣中林，鸠妇怒啼无好音。天雨止，鸠呼妇归鸣且喜，妇不亟归呼不已。"《嘉泰会稽志·鸟部》引陆玑《毛诗草木鱼虫疏》云："鹘鸠，一名斑鸠，似鹁鸠而大。鹁鸠，灰色，无绣项。阴则屏逐其匹，晴则呼之，语曰'天将雨，鸠逐妇'者是也。"清郝懿行《尔雅义疏·释鸟第十七》"隹其，鸤鸠"条下亦引陆疏。旧注："《尔雅》：鸠天阴则逐其妇，晴则呼之。"实据郝疏。

⑨霜冷雁呼群：秋天大雁南飞时，相互呼叫，提醒同伴不可离群，以共御霜天寒冷。宋黄庭坚《次韵答少章闻雁听鸡》："霜雁叫群倾半枕，梦回兄弟彩衣行。"

⑩周仆射（yè）：指东晋左仆射周顗（yǐ，269—322），字伯仁，汝南安成（今河南汝南）人。安东将军周浚子。少有盛名，弱冠袭爵武

城侯,拜秘书郎,累迁尚书吏部郎。元帝时,补吏部尚书,拜太子少傅,后转尚书左仆射,因饮酒无度,往往一醉三日才醒,人称"三日仆射"。后为大将军王敦所杀。周颛于王导有恩,王导未能劝阻王敦杀周颛,故曰:"吾虽不杀伯仁,伯仁由我而死。"仆射,官名。秦始置,汉以后因之。汉成帝建始四年(前29),初置尚书五人,一人为仆射,位仅次尚书令,职权渐重。汉献帝建安四年(199),置左右仆射。唐宋左右仆射为宰相之职。

⑪鲍(bào)参军:指南朝宋代诗人鲍照(约414—466),字明远,东海(今山东郯城)人。宋文帝时,官中书舍人。晚年任荆州刺史临海王刘子顼前军参军,故世称"鲍参军"。宋明帝泰始二年(466)刘子顼起兵谋反失败,鲍照为乱兵所杀。鲍照以诗文名,长于乐府和七言歌行,《拟行路难》为其诗代表作,另有《芜城赋》《登大雷岸与妹书》等名篇。明人辑有《鲍参军集》。鲍照诗风俊逸,唐代大诗人李白受其影响甚深。唐杜甫《春日怀李白》:"清新庾开府,俊逸鲍参军。"

⑫"鸟翼长随"二句:传说凤凰为飞鸟之长,凤凰飞的时候所有的鸟都在后面跟随。《大戴礼记·易本命》:"有翼之虫三百六十,而凤凰为之长。"鸟翼长随,旧注引《格物总论》云:"凤飞则禽鸟随之。"洵(xún),确实。众禽长,飞禽之长。

⑬狐威不假:指狐狸从老虎那里借去的威风一点儿也不虚假。典出《战国策·楚策一》:"虎求百兽而食之,得狐。狐曰:'子无敢食我也。天帝使我长百兽,今子食我,是逆天帝命也。子以我为不信,吾为子先行,子随我后,观百兽之见我而敢不走乎?'虎以为然,故遂与之行,兽见之皆走。虎不知兽畏己而走也,以为畏狐也。"后因以"狐假虎威"喻仰仗别人的威势或倚仗别人威势来欺压人。

【译文】

唐尧对虞舜,禹夏对殷商。

汉代的蔡茂对唐朝的刘蕡。

山色明媚对水景秀丽,五帝之"五典"对三皇之"三坟"。

唐代有李白和杜甫,晋朝有陆机和陆云。

侍奉父母对效忠君主。

雨停之后,鸠鸟挈妇将雏;寒霜落下,大雁呼朋引伴。

晋代仆射周颛酒量非常深洪,宋代参军鲍照诗才俊朗飘逸。

鸟儿都展开翅膀跟着它飞,凤凰确实是众鸟之长;狐狸借去的威风真不是假的,老虎确实是百兽之君。

上平十三元

【题解】

本篇共三段,皆为韵文。每段韵文,由若干句对仗的联语组成。每句皆押"平水韵"上平声"十三元"韵。

本篇每句句末的韵脚字,"喧""源""暄""轩""魂""门""村""言""孙""猿""原""塥""园""恩""豚""屯""昏"等,在传统诗韵("平水韵")里,都归属于上平声"十三元"这个韵部。这些字,在普通话里,韵母有的是"an",有的是"üan",有的是"en",有的是"un";声调有读第一声的,有读第二声的。

需要注意的是:普通话"an""en""un""ün"等韵母的字,并不都属于"平水韵"上平声"十三元"韵,也有可能属于上平声"十一真"韵、"十二文"韵、"十四寒"韵、"十五删"韵,或下平声"一先"韵、"十二侵"韵、"十三覃"韵、"十四盐"韵、"十五咸"韵。尤需注意的是:"十三元"韵的字,一部分和上平声"十一真"韵、"十二文"韵是邻韵;一部分和上平声"十四寒"韵、"十五删"韵及下平声"一先"韵是邻韵。填词时可以通押,写近体诗时不可通押。但和下平声"十二侵"韵、"十三覃"韵、"十四盐"

韵、"十五咸"韵不是邻韵,不仅写近体诗时不可通押,填词时亦不可以通押。这是因为,"十二侵"韵、"十三覃"韵、"十四盐"韵、"十五咸"韵,属于闭口韵,即它的韵母实际上是收[m]尾,而非[n]尾。在中古音系统里,它们的韵尾不同。

(一)

幽对显,寂对喧。

柳岸对桃源。

莺朋对燕友[①],早暮对寒暄[②]。

鱼跃沼[③],鹤乘轩[④]。

醉胆对吟魂[⑤]。

轻尘生范甑[⑥],积雪拥袁门[⑦]。

缕缕轻烟芳草渡[⑧],丝丝微雨杏花村[⑨]。

诣阙王通[⑩],献太平十二策[⑪];出关老子[⑫],著道德五千言[⑬]。

【注释】

①莺朋、燕友:成群结伴的黄莺和燕子。引申义则为结伴寻春,嬉于莺莺燕燕的人。古诗文习用语。元明以来,常"莺朋燕友"四字连用。

②早暮:早晚。寒暄(xuān):冷暖。泛指宾主见面时问候起居冷暖。亦指冬夏。暄,暖。唐皇甫冉《巫山峡》:"朝暮泉声落,寒暄树色同。"

③鱼跃沼:语典出自《诗经·大雅·灵台》:"王在灵沼,於牣鱼跃。"

④鹤乘轩(xuān):即鹤乘坐在轩车上。典出《左传·闵公二年》:"冬十二月,狄人伐卫。卫懿公好鹤,鹤有乘轩者。将战,国人受甲者皆曰:'使鹤,鹤实有禄位,余焉能战!'"卫懿公喜欢鹤,让鹤

乘坐官员的轩车。后代因此常用"鹤乘轩"来比喻因为帝王的宠幸而滥得官位。轩,古代一种前顶较高而有帷幕的车子,供大夫以上乘坐。

⑤醉胆:醉酒后的胆量,形容豪气。古诗文习用语。宋陆游《观大散关图有感》:"志大浩无期,醉胆空满躯。"吟魂:诗人的灵魂或梦魂,有时也用来指诗情、诗思。古诗文习用语。唐齐己《寄山中诸友》:"岚光生眼力,泉滴爽吟魂。"

⑥轻尘生范甑(zèng):典出《后汉书·独行传》:"(范冉)遭党人禁锢,遂推鹿车,载妻子,捃拾自资。或寓息客庐,或依宿树荫。如此十余年,乃结草室而居焉。所止单陋,有时粮粒尽,穷居自若,言貌无改。闾里歌之曰:'甑中生尘范史云,釜中生鱼范莱芜。'"范冉家里很穷,有时断粮,饭甑因为长时间不用,上面落满了灰尘。范,指东汉范冉(112—185),名或作丹,字史云,陈留外黄(今河南民权)人。曾师事马融,通"五经"。桓帝时为莱芜长,遭母忧,不赴。后辟太尉府,议者欲以为侍御史,遂遁出,卖卜于市,生活贫困。后遭党锢,穷居自若,言貌无改。及党禁解,三府累辟不就。卒谥贞节先生。后人常以"范丹"指代贫困而有操守的贤士。甑,蒸食炊器。其底有孔,古用陶制,殷周时代有以青铜制,后多用木制。因多用来煮饭,俗名饭甑。

⑦积雪拥袁门:典出《后汉书·袁安传》"后举孝廉"唐李贤注引晋周斐《汝南先贤传》:"时大雪积地丈余。洛阳令身出案行,见人家皆除雪出,有乞食者。至袁安门,无有行路,谓安已死。令人除雪入户,见安僵卧。问:'何以不出?'安曰:'大雪人皆饿,不宜干人。'令以为贤,举为孝廉。"袁,指东汉名臣袁安(?—92),字邵公,汝南汝阳(今河南商水)人。微时客洛阳,遇大雪而僵卧,不肯干人,洛阳令举为孝廉。汉明帝时,任楚郡太守、河南尹,因平断冤狱、治政严明,而名重一时。汉章帝时,升任太仆,官至司徒。

汉和帝时，外戚窦氏擅权，袁安守正不移。和帝永元四年（92），卒于位。子孙世代公卿。汝南袁氏与弘农杨氏，以"四世三公"并称于世。相传袁安未出仕之前，遇上下大雪，雪停之后，有不少人出门讨吃的，唯有袁安闭门不出，洛阳令问他为什么不出门乞讨，袁安说："遇上这样的雪灾，大家都挨饿，我实在不敢给人添麻烦。"洛阳令觉得他很难得，就推举他为孝廉。袁安后来位至三公。

⑧缕缕（lǚ）：形容细长、接连出现的样子。芳草渡：长满花草的野外渡口。古诗文习用语。唐赵嘏《送权先辈归觐信安》："马嘶芳草渡，门掩百花塘。"

⑨杏花村：古村落名。在安徽池州城西郊。其地古产名酒。唐杜牧《清明》："清明时节雨纷纷，路上行人欲断魂。借问酒家何处有，牧童遥指杏花村。"其后杏花村乃有盛名。明清两代，曾相继于此筑亭、建坊、葺祠。其地古井仍存，井水清冽，有"香泉似酒，汲之不竭"之称。

⑩诣阙（què）：指到京都，上朝堂。诣，到。阙，宫殿，引申为朝廷。王通（584—617）：字仲淹，绛州龙门（今山西河津）人。著名儒家学者，门人私谥"文中子"。仕隋为蜀郡司户书佐。文帝仁寿间至长安上太平十二策。后知所谋不被用，乃归河汾间以教授为业，受业者以千数，时称"河汾门下"。薛收、房乔、李靖、魏徵等皆从受王佐之道。尝仿《春秋》作《元经》（一作《六经》），又著《中说》（一称《文中子》）。

⑪太平十二策：即《太平策》十二通。王通曾谒见隋文帝，进献治国安邦的《太平策》十二通，未被采纳。事见唐杜淹《文中子世家》："西游长安，见隋文帝。帝坐太极殿，召而见之。因奏太平之策十有二焉，推帝皇之道，杂王伯之略，稽之于今，验之于古，恢恢乎若运天下于掌上矣。"

⑫关：特指函谷关。相传老子西出函谷关，不知所终。《史记·老

子韩非列传》:"老子修道德,其学以自隐无名为务。居周久之,见周之衰,乃遂去。至关,关令尹喜曰:'子将隐矣,强为我著书。'于是老子乃著书上下篇,言道德之意五千余言而去,莫知其所终。"老子:又称"老聃",一名"李耳"。曾为周柱下史。我国古代著名思想家,道家学派的创始人。主张"无为"。

⑬道德五千言:指老子的著作《道德经》,全篇共约五千字。

【译文】

幽暗对明显,寂静对喧嚣。

种着柳树的河岸对开满桃花的水源。

黄莺为朋对燕子作友,早晚对冷暖。

游鱼跳出沼泽,白鹤乘坐轩车。

醉后的胆量对诗人的精魂。

范冉煮饭的甑里落了细微的尘土,袁安的门口堆满了厚厚的积雪。

长满绿草的渡口飘起缕缕轻烟,开满杏花的村庄落着丝丝细雨。

王通曾经向朝廷献上十二篇《太平策》,老子西出函谷关之时写下了五千字的《道德经》。

（二）

儿对女,子对孙。

药圃对花村①。

高楼对邃阁②,赤豹对玄猿③。

妃子骑④,夫人轩⑤。

旷野对平原。

匏巴能鼓瑟⑥,伯氏善吹埙⑦。

馥馥早梅思驿使⑧,萋萋芳草怨王孙⑨。

秋夕月明⑩,苏子黄岗游赤壁⑪;春朝花发⑫,石家金谷启芳园^⑬。

【注释】

①药圃（pǔ）：种植药材的园子。古诗文习用语。唐王维《济州过赵叟家宴》："荷锄修药圃，散帙曝农书。"花村：开满鲜花的山村。古诗文习用语。唐李洞《赋得送贾岛谪长江》："筇携过竹寺，琴典在花村。"

②邃（suì）阁：深幽的楼阁。古诗文习用语。唐李世民《元日》："高轩暖春色，邃阁媚朝光。"

③赤豹：毛赤而有黑色斑纹的豹。《诗经·大雅·韩奕》："赤豹黄罴。"《楚辞·九歌·山鬼》："乘赤豹兮从文狸。"玄（xuán）猿：黑猿。汉司马相如《长门赋》："玄猿啸而长吟。"

③妃子骑（jì）：典出唐杜牧《过华清宫绝句》："一骑红尘妃子笑，无人知是荔枝来。"妃子，指杨贵妃。骑，驿站的快马。杨贵妃喜欢吃荔枝，唐明皇令岭南地方快马送到长安。

⑤夫人轩（xuān）：即鱼轩，车用鱼皮作装饰，是古代诸侯夫人乘坐的车。齐桓公曾赠许穆夫人鱼轩。《左传·闵公二年》："归夫人鱼轩。"晋杜预注："鱼轩，夫人车，以鱼皮为饰。"

⑥匏（páo）巴：一作"瓠巴"，古代传说中的音乐家。《列子·汤问》："匏巴鼓琴而鸟舞鱼跃。"汉张湛注："匏巴，古善鼓琴人也。"鼓瑟（sè）：弹琴。鼓，弹奏乐器。《荀子·劝学》："昔者匏巴鼓瑟，而潜鱼出听。"古人常琴瑟并称，琴、瑟同为弦乐器，琴弦少而瑟弦多，琴七弦，瑟二十五弦。

⑦伯氏善吹埙（xūn）：典出《诗经·小雅·何人斯》："伯氏吹埙，仲氏吹篪。"朱子《诗集传》："伯仲，兄弟也。"伯氏，大哥，长兄。埙，古代陶制乐器，椭圆形，有六个孔，可以吹奏。

⑧馥馥（fù）早梅思驿（yì）使：典出《荆州记》："陆凯与范晔相善，

自江南寄梅花一枝诣长安与晔并《赠花诗》,曰:'折花逢驿使,
寄与陇头人。江南无所有,聊赠一枝春。'"《太平御览》引此诗,
凡三次。陆凯曾经从江南寄梅花给在长安的范晔,并附诗一首。
馥馥,形容香气浓郁。驿使,驿站传送文书的人。

⑨ 萋萋(qī)芳草怨王孙:典出《楚辞·招隐士》:"王孙游兮不归,
春草生兮萋萋。"萋萋,形容草茂盛的样子。王孙,王者之孙或后
代。泛指贵族子弟。亦用作对士人的尊称。

⑩ 秋夕:秋天的夜晚。宋苏轼在《前赤壁赋》中写道:"壬戌之秋,七
月既望,苏子与客泛舟,游于赤壁之下。"故这里说"秋夕月明"。

⑪ 苏子黄岗游赤壁:指宋代诗人苏轼曾经与朋友游览黄州(今湖北
黄冈)境内的赤壁山(又称"赤鼻山",下有赤鼻矶),并且写过《前
赤壁赋》和《后赤壁赋》。其实,赤壁之战遗址在今湖北武昌西赤
矶山,与汉阳南纱帽山隔江相对。一说,赤壁之战遗址即湖北蒲
圻西之赤壁山。苏轼所游黄州赤壁,并非真正的赤壁之战古战
场遗址。

⑫ 春朝:春天的白天。

⑬ 石家:指晋代石崇,见前注。金谷:即金谷园,石崇所建,为一代
名园,石崇经常在园中大宴宾客,极尽豪奢。

【译文】

儿对女,子对孙。

种着药草的园子对开满鲜花的村庄。

高耸的楼对深幽的阁,红色的豹子对黑色的猿猴。

为杨贵妃送鲜荔枝的驿站快马,赠送给许穆夫人乘坐的鱼轩车。

广阔的田野对平坦的郊原。

鲍巴精于弹瑟,长兄擅长吹埙。

闻到早开的梅花那浓郁的香味,就开始希望驿使带来远方朋友的
信;看到春天茂密的绿草,就会怨恨王孙远游不归。

月色明亮的秋夜，苏轼在黄岗游览赤壁；百花盛开的春朝，石崇打开金谷园的大门。

（三）

歌对舞，德对恩。

犬马对鸡豚①。

龙池对凤沼②，雨骤对云屯③。

刘向阁④，李膺门⑤。

唳鹤对啼猿⑥。

柳摇春白昼，梅弄月黄昏⑦。

岁冷松筠皆有节⑧，春暄桃李本无言⑨。

噪晚齐蝉⑩，岁岁秋来泣恨；啼宵蜀鸟⑪，年年春去伤魂。

【注释】

①犬马：狗和马。《尚书·旅獒》："犬马非其土性不畜，珍禽奇兽不育于国。"《论语·为政》："今之孝者，是谓能养。至于犬马，皆能有养。不敬，何以别乎？"后因以"犬马之养"为供养父母的谦辞。特指良狗名马，引申为玩好之物。《孟子·梁惠王下》："事之以犬马，不得免焉。"亦为旧时臣子在君主前的自卑之称或卑幼者在尊长前的自谦之称。汉末曹操《上书让增封武平侯及费亭侯》："虽有犬马微劳，非独臣力，皆由部曲将校之助。"鸡豚（tún）：鸡和猪。古时农家所养禽畜。《孟子·梁惠王上》："鸡豚狗彘之畜，无失其时。"《礼记·大学》："畜马乘，不察于鸡豚；伐冰之家，不畜牛羊。"汉郑玄注："畜马乘，谓以士初试为大夫也。伐冰之家，卿大夫以上……鸡豚牛羊，民之所畜养以为财利者也。"豚，小猪。

②龙池、凤沼（zhǎo）：指皇家园林中的池沼。传说唐玄宗李隆基

登基前住的旧宅兴庆宫东侧，有一口井忽然涌为小池，常有云气，或见黄龙出其中。玄宗即位后将其命名为龙池，于隆庆坊建兴庆宫，龙池被包容于内。在今陕西西安兴庆公园内。唐沈佺期《龙池篇》："龙池跃龙龙已飞，龙德先天天不违。"魏晋南北朝时设中书省于禁苑，掌管机要，接近皇帝，故称中书省为"凤凰池"。后世又多以"凤凰池"指宰相职位，或以凤池代指朝堂。唐翁绶《杂曲歌辞·行路难》："君看西汉翟丞相，凤沼朝辞暮雀罗。"又，古琴琴底有两个出音孔，上孔曰龙池，下孔曰凤沼。宋赵希鹄《洞天清录·古琴辩》："雷张制槽腹有妙诀，于琴底悉洼，微令如仰瓦，盖谓于龙池凤沼之弦，微令有唇，余处悉洼之。"

③ 雨骤（zhòu）：雨势迅猛。南朝梁王湜《赠情人》："雨骤行人断，云聚独悲深。"亦可解作雨聚，即雨水聚集意，引申为聚集。唐吕令则《义井赋》："川流雨骤，车马于焉往来；风举云摇，帝王由兹行幸。"此处"雨骤"与"云屯"相对，当为聚集之义。云屯：如云之聚集，形容盛多。《后汉书·刘表传赞》："鱼丽汉轴，云屯冀马。"唐高适《杂曲歌辞·邯郸少年行》："宅中歌笑日纷纷，门外车马如云屯。"成语"云屯雨集"，形容众多的人聚集在一起。

④ 刘向阁：指长安未央宫内的天禄阁，朝廷收藏典籍之所，西汉学者刘向曾在此校阅群书。刘向（约前77—前6），本名更生，字子政，沛（今江苏沛县）人。楚元王刘交（刘邦异母弟）四世孙，刘歆之父。治《春秋穀梁》，以阴阳休咎论时政得失，屡上书劾奏外戚专权。宣帝时，任散骑谏大夫给事中。元帝时，擢为散骑宗正给事中。后以反对宦官弘恭、石显专权，议欲罢退之，被谮下狱。成帝即位，得进用，更名向，迁光禄大夫，官至中垒校尉。校阅中秘群书，撰成《别录》，为我国目录学之祖。有《新序》《说苑》《列女传》等。

⑤ 李膺（yīng）门：典出《后汉书·李膺传》："是时朝庭日乱，纲

纪颓阤，膺独持风裁，以声名自高。士有被其容接者，名为登龙门。"后因以"李膺门""李膺门馆"誉称名高望重之家。李膺（110—169），字元礼，颍川襄城（今河南襄城）人。初举孝廉，历任青州刺史，渔阳、蜀郡太守，转护乌桓校尉。汉桓帝永寿二年（156），任度辽将军。延熹二年（159）任河南尹，后为司隶校尉。张让弟朔为野王令，贪残无道，闻膺威严，匿于京师合柱中，膺破柱取朔杀之，诸黄门常侍皆鞠躬屏气，不敢出言。李膺与太学生郭泰等交游，反对宦官专权，名重一时，有"天下楷模李元礼"之誉，士人以与其结交为"登龙门"。延熹九年（166），第一次党锢之祸，被宦官诬为结党，下狱，释后复遭禁锢。永康元年（167），汉灵帝即位，大将军窦武引以为长乐少府，与陈蕃谋诛宦官，事败，免官。建宁二年（169），党锢再起，下狱死。

⑥唳（lì）鹤、啼猿：皆古诗文习用语。唐卢照邻《山庄休沐》："亭幽闻唳鹤，窗晓听鸣鸡。"唐李世民《帝京篇十首》其三："惊雁落虚弦，啼猿悲急箭。"啼猿唳鹤，又作"怨鹤啼猿"，作为典故，与孔稚归《北山移文》有关。《昭明文选•（孔稚珪）北山移文》："惠帐空兮夜鹤怨，山人去兮晓猿惊。"唐李周翰注："此因山言之，故托猿鹤以寄惊怨也。"

⑦梅弄月黄昏：此句用宋林逋《山园小梅》"疏影横斜水清浅，暗香浮动月黄昏"语典。

⑧松筠（yún）：见前注。竹有节，松经冬不凋，故以"松筠之节"喻指人有节操。《隋书•柳庄传》："而今已后，方见松筠之节。"

⑨春暄（xuān）桃李本无言：典出《史记•李将军列传论》："余睹李将军悛悛如鄙人，口不能道辞。及死之日，天下知与不知，皆为尽哀。彼其忠实心诚信于士大夫也？谚曰：'桃李不言，下自成蹊。'此言虽小，可以喻大也。"唐司马贞索隐："姚氏云：'桃李本不能言，但以华实感物，故人不期而往，其下自成蹊径也。'"亦作

"桃李无言,下自成蹊"。意思是说桃树、李树虽然不开口,但是树下却因人来人往自然而然地形成小径。比喻实至名归。

⑩齐蝉:知了。因为蝉又名齐女,所以称"齐蝉"。典出晋崔豹《古今注・问答释义》:"牛亨问曰:'蝉名齐女者,何也?'答曰:'齐王后忿而死,尸变为蝉,登庭树,嘒唳而鸣,王悔恨。故世名蝉曰齐女也。'"

⑪蜀鸟:即杜鹃,传说杜鹃是蜀帝杜宇死后所变,所以称杜鹃为"蜀鸟"。《文选・(张衡)南都赋》唐李善注引《蜀记》:"昔有人姓杜,名宇。王蜀,号曰望帝。宇死,俗说云,宇化为子规。子规,鸟名也。蜀人闻子规鸣,皆曰望帝也。"

【译文】

唱歌对跳舞,仁德对恩惠。

狗和马对鸡和猪。

龙池对凤沼,雨集对云聚。

刘向校书的地方是天禄阁,能拜访李膺家被时人称为"登龙门"。

鸣叫的鹤对哀啼的猿。

春日的柳树在阳光下摇摆枝条,月下的梅树在黄昏时舞动枝影。

天气寒冷,松树和竹子显得更有气节;春光和暖,灿烂的桃花和李花本身是不会说话的。

傍晚鸣叫的知了,每年秋天来的时候都会长鸣表达怨恨;半夜哀啼的杜鹃,年年春暮时分总是黯然伤魂。

上平十四寒

【题解】

本篇共三段,皆为韵文。每段韵文,由若干句对仗的联语组成。每句皆押"平水韵"上平声"十四寒"韵。

本篇每句句末的韵脚字,"难""蟠""鸾""汻""鞍""滩""弹""端"

"干""桓""餐""冠""郸""寒""坛""盘""宽""丸""栏""阑""官""般""肝""安"等,在传统诗韵("平水韵")里,都归属于上平声"十四寒"这个韵部。这些字,在普通话里,韵母都含"an"(有些在"an"前有韵头"u");声调有读第一声的,有读第二声的。

　　需要注意的是:普通话"an"韵母的字,并不都属于"平水韵"上平声"十四寒"韵,也有可能属于上平声"十三元"韵、"十五删"韵,或下平声"一先"韵、"十三覃"韵、"十四盐"韵、"十五咸"韵。尤需注意的是:"十四寒"韵的字,和上平声"十三元"韵(一部分)、"十五删"韵及下平声"一先"韵是邻韵。填词时可以通押,写近体诗时不可通押。但和下平声"十三覃"韵、"十四盐"韵、"十五咸"韵不是邻韵,不仅写近体诗时不可通押,填词时亦不可以通押。这是因为,"十三覃"韵、"十四盐"韵、"十五咸"韵,属于闭口韵,即它的韵母实际上是收 [m] 尾,而非 [n] 尾。在中古音系统里,它们的韵尾不同。

（一）

多对少,易对难。

虎踞对龙蟠①。

龙舟对凤辇②,白鹤对青鸾③。

风淅淅④,露溥溥⑤。

绣毂对雕鞍⑥。

鱼游荷叶沼,鹭立蓼花滩⑦。

有酒阮貂奚用解⑧,无鱼冯铗必须弹⑨。

丁固梦松,柯叶忽然生腹上⑩;文郎画竹⑪,枝梢倏尔长毫端⑫。

【注释】

①虎踞（jù）：形容山势雄伟，像老虎蹲踞一样。龙蟠（pán）：亦作"龙盘"，如龙之盘卧状。形容山势雄壮绵延的样子。唐李白《金陵歌送别范宣》："钟山龙盘走势来，秀色横分历阳树。"亦用以喻豪杰之士隐伏待时。《三国志·魏志·杜袭传》："袭避乱荆州，刘表待以宾礼。同郡繁钦数见奇于表，袭喻之曰：'吾所以与子俱来者，徒欲龙蟠幽薮，待时凤翔。'""虎踞龙蟠"四字常连用，形容地势极峻峭险要。北周庾信《哀江南赋》："昔之虎据龙蟠，加以黄旗紫气。莫不随狐兔而窟穴，与风尘而殄瘁。"

②龙舟：专供帝王乘坐的船。《穆天子传》卷五："天子乘鸟舟龙舟，浮于大沼。"晋郭璞注："舟皆以龙鸟为形制。今吴之青雀舫，此其遗象也。"《隋书·炀帝纪上》："八月壬寅，上御龙舟，幸江都。"凤辇（niǎn）：天子乘坐的车驾，以金凤为饰。唐王维《奉和圣制与太子诸王三月三日龙池春禊应制》："明君移凤辇，太子出龙楼。"唐钱起《和李员外扈驾幸温泉宫》："未央月晓度疏钟，凤辇时巡出九重。"

③白鹤：俗称仙鹤，传说中多为仙人坐骑。唐李白《寻雍尊师隐居》："花暖青牛卧，松高白鹤眠。"青鸾（luán）：古代传说中凤凰一类的神鸟。赤色多者为凤，青色多者为鸾。也有借指传送信息的使者。唐李商隐《相思树上》："相思树上合欢枝，紫凤青鸾共羽仪。"

④淅淅（xī）：象声词。形容风声或雨声。唐白居易《北亭》："江风万里来，吹我凉淅淅。"

⑤漙漙（tuán）：露水众多的样子。一说为露珠圆貌。《诗经·郑风·野有蔓草》："零露漙兮。"毛传："漙漙然盛多也。"

⑥绣毂（gǔ）：指装饰华丽的车。毂，车轮的中心部位，周围与车辐的一端相接，中有圆孔，用以插轴。古诗文习用语。唐白居易

《和梦游春诗一百韵》："罗扇夹花灯，金鞍攒绣毂。"雕鞍：雕饰有精美图案的马鞍。亦借指坐骑。古诗文习用语。唐骆宾王《帝京篇》："宝盖雕鞍金络马，兰窗绣柱玉盘龙。"

⑦鹭（lù）：白鹭。蓼（liǎo）花滩：为古诗文习用语。唐许浑《朝台送客有怀》："岭北归人莫回首，蓼花枫叶万重滩。"宋杨万里《竹床》："醉梦那知蕉叶雨，小舟亲过蓼花滩。"蓼，一年生草本植物，叶披针形，花小，白色或浅红色，果实卵形、扁平，生长在水边或水中。

⑧阮（ruǎn）貂：典出《晋书·阮孚传》："（孚）迁黄门侍郎、散骑常侍。尝以金貂换酒，复为所司弹劾，帝宥之。"阮孚酗酒，曾经解金貂换酒。后因以"阮（孚）貂"借指贳酒之抵押物，以"金貂换酒"作为名士旷达不羁、恣意纵酒之典故。阮，即阮孚（？—326），字遥集，陈留尉氏（今河南尉氏）人。阮咸子。避乱渡江，晋元帝时任安东参军，蓬发饮酒，常被弹劾。晋明帝立，升侍中，奉诏增益雅乐。从平王敦，赐爵南安县侯。咸和元年（326）晋成帝即位，太后临朝，政出舅氏（庾亮），阮孚认为大乱将至，苦求外出，转广州刺史。未至镇，卒，时年四十九。次年，苏峻谋反，识者以为知几。貂，即金貂，皇帝左右侍臣的冠饰。汉始，侍中、中常侍之冠，于武冠上加黄金珰，附蝉为文，貂尾为饰，谓之赵惠文冠。《汉书·谷永传》："戴金貂之饰，执常伯之职者皆使学先王之道。"晋潘岳《秋兴赋》："登春台之熙熙兮，珥金貂之炯炯。"

⑨冯铗（jiá）：冯，指战国时人冯谖。铗，剑把，也代指宝剑。冯谖是孟尝君的门客，他初到孟尝君府中时，因为对待遇不满，曾经弹着剑唱"没有鱼吃，长剑啊我们回去吧！"后因以"冯谖弹铗"喻指怀才不遇、处境窘困而希望被赏识重用。典出《战国策·齐策四》："齐人有冯谖者，贫乏不能自存。使人属孟尝君，愿寄食门下。孟尝君曰：'客何好？'曰：'客无好也。'曰：'客何能？'曰：'客无能也。'孟尝君笑而受之，曰：'诺。'左右以君贱之也，食以草

具。居有顷，倚柱弹其剑，歌曰：'长铗，归来乎！食无鱼。'左右以告。孟尝君曰：'食之，比门下之客。'居有顷，复弹其铗，歌曰：'长铗，归来乎！出无车。'左右皆笑之，以告。孟尝君曰：'为之驾，比门下之车客。'于是乘其车，揭其剑，过其友，曰：'孟尝君客我！'后有顷，复弹其剑铗，歌曰：'长铗，归来乎！无以为家。'左右皆恶之，以为贪而不知足。孟尝君问：'冯公有亲乎？'对曰：'有老母。'孟尝君使人给其食用，无使乏。于是冯谖不复歌。"

⑩ "丁固梦松"二句：典出《三国志·吴书三》："（宝鼎）三年春二月，以左右御史大夫丁固、孟仁为司徒、司空。"南朝宋裴松之注引《吴书》曰："初，固为尚书，梦松树生其腹上，谓人曰：'松字十八公也，后十八岁，吾其为公乎！'卒如梦焉。"丁固曾经梦见自己肚子上长出松树，对人说"松树是十八公，十八年之后我要做三公"。十八年后，果然位居三公。后因以"梦松"为祝人登三公位的典故。丁固（198—273），本名密，字子贱，后改名固，山阴（今浙江绍兴）人。孙休时任左御史大夫，孙皓时升任司徒。凤凰二年（273）三月卒，年七十六。柯（kē），树枝。

⑪ 文郎：指北宋画家文同（1018—1079），字与可，号笑笑先生，世称"石室先生""锦江道人"，梓州永泰（今四川盐亭）人。仁宗皇祐元年（1049）进士。历知陵、洋、湖州。神宗元丰二年（1079），卒于赴湖州任途中，年六十二。与司马光、苏轼相契。工诗文，善篆、隶、行、草、飞白，尤长于画竹。有《丹渊集》。宋苏轼《文与可画筼筜谷偃竹记》云："故画竹，必先得成竹于胸中，执笔熟视，乃见其所欲画者。"宋晁补之《赠文潜甥杨克一学文与可画竹求诗》云："与可画竹时，胸中有成竹。"成语"胸有成竹"即由此而来。

⑫ 倏（shū）尔：迅速，很快。毫：指笔。

【译文】

多对少，容易对困难。

老虎蹲踞对巨龙盘曲。

皇帝坐的龙舟对后妃乘的凤车,白色的仙鹤对青色的鸾凤。

风声细微,露水繁多。

装饰华丽的车对配有雕鞍的马。

鱼在长满荷叶的池塘游动,鹭鸶站在开满水蓼花的滩边。

有酒喝的时候,阮孚就不用再解下金貂换酒;没鱼吃的时候,冯谖必定会敲击长剑唱出自己的要求。

东吴丁固梦见松树,发现枝条和叶子忽然从自己肚子上长出;北宋文同擅长画竹,竹枝迅速地在他笔下呈现。

(二)

寒对暑,湿对干。

鲁隐对齐桓①。

寒毡对暖席②,夜饮对晨餐③。

叔子带④,仲由冠⑤。

郏鄏对邯郸⑥。

嘉禾忧夏旱⑦,衰柳耐秋寒⑧。

杨柳绿遮元亮宅⑨,杏花红映仲尼坛⑩。

江水流长,环绕似青罗带⑪;海蟾轮满⑫,澄明如白玉盘⑬。

【注释】

①鲁隐:即鲁隐公(? —前712),姬姓,名息姑,一作息。春秋时鲁国君主,在位凡十一年。《春秋》纪事,始于鲁隐公。惠公长庶子。惠公死,鲁人以惠公嫡子允年少,共立息姑摄政行君事,立弟允为太子。隐公十一年,公子翚劝隐公杀允而正式即位,隐公不允。

翚乃反劝允杀隐公。齐桓（huán）：即齐桓公（？—前643），姜姓，名小白。春秋时齐国君主，为春秋五霸之首。齐襄公弟。襄公被杀，自莒归国即位，任管仲为相，国力富强。以"尊王攘夷"为名，北伐戎狄，南抑强楚。周惠王死，奉太子郑即位，为周襄王。多次会合诸侯，订立盟约，树立威望。在位共四十三年，卒谥桓。

②寒毡（zhān）：典出杜诗。《新唐书·郑虔传》："（郑虔）在官贫约甚，澹如也。杜甫尝赠以诗曰：'才名四十年，坐客寒无毡'云。"《新唐书》所引，出自杜诗《戏简郑广文虔兼呈苏司业源明》篇。是说广文馆博士郑虔虽然才名满天下，但家境贫寒，没有毡子给客人坐。后以"寒毡"形容寒士清苦的生活，亦借指清苦的读书人。暖席：亦作"煖席"，指久坐而留有体温的座席，借指安坐闲居。《淮南子·修务训》："孔子无黔突，墨子无煖席。"汉高诱注："坐席不至于温。"《昭明文选·答宾戏》："是以圣哲之治，栖栖遑遑，孔席不暖，墨突不黔。"唐李善注："韦昭曰：暖，温也，言坐不暖席也。《文子》曰：墨子无黔突，孔子无暖席，非以贪禄慕位，欲起天下之利，除万民之害也。"

③夜饮："长夜饮"之缩语，谓通宵宴饮。典出《诗经·小雅·湛露》："湛湛露斯，匪阳不晞。厌厌夜饮，不醉无归。湛湛露斯，在彼丰草。厌厌夜饮，在宗载考。"毛传："厌厌，安也。夜饮，私燕也。"《韩非子·说林上》："纣为长夜之饮，惧以失日，问其左右尽不知也。"《史记·魏公子列传》："公子自知再以毁废，乃谢病不朝，与宾客为长夜饮。"汉王充《论衡·语增》则曰："坐在深室之中，闭窗举烛，故曰长夜。"晨餐：早饭，早晨吃饭。晋束晳《补亡诗六首·南陔》："馨尔夕膳，洁尔晨餐。"唐韦应物《送张侍御秘书江左觐省》："晨餐亦可荐，名利欲何如。"

④叔子带：指晋代羊祜（字叔子）的衣带。《晋书·羊祜传》："（祜）在军常轻裘缓带，身不被甲。"羊祜镇守荆州时经常穿着裘衣松

松地束着衣带,不穿战甲。后用"叔子带"以形容装束儒雅,风流平易。羊祜,见前注。

⑤仲由冠(guān):孔子弟子子路(仲由,字子路)初见孔子时,戴的是雄鸡冠。《史记·仲尼弟子列传》:"子路性鄙,好勇力,志伉直,冠雄鸡,佩豭豚,陵暴孔子。孔子设礼稍诱子路,子路后儒服委质,因门人请为弟子。"子路好勇,雄鸡公猪(豭豚)好斗,故子路佩带。

⑥郏鄏(jiá rǔ):周朝东都,故地在今河南洛阳。《左传·宣公三年》:"成王定鼎于郏鄏。"杨伯峻注:"郏鄏即桓七年《传》之郏,周之王城,汉之河南,在今洛阳市。《楚世家》索隐云:按《周书》,郏,洛北山名,音甲。鄏谓田厚鄏,故以名焉。"邯郸(hán dān):地名。战国时期赵国都城所在地,在今河北省境内。

⑦嘉(jiā)禾:生长奇异的禾苗,古人以之为吉祥的征兆。亦泛指生长苗壮的禾稻。典出《尚书·微子之命》:"唐叔得禾,异亩同颖,献诸天子。王命唐叔,归周公于东,作《归禾》。周公既得命禾,旅天子之命,作《嘉禾》。"孔传:"唐叔,成王母弟,食邑内得异禾也……禾各生一垄而合为一穗……异亩同颖,天下和同之象,周公之德所致。"唐孔颖达疏:"此以善禾为书之篇名,后世同颖之禾遂名为'嘉禾',由此也。"汉王充《论衡·讲瑞》:"嘉禾生于禾中,与禾中异穗,谓之嘉禾。"

⑧衰柳:老朽衰残的柳树。古诗文习用语。唐王维《辋川集·孟城坳》:"新家孟城口,古木余衰柳。"

⑨杨柳绿遮元亮宅:此句说陶渊明(字元亮)家庭院里绿柳成荫,形容隐居之乐。典出陶渊明《五柳先生传》:"先生不知何许人也,亦不详其姓字。宅边有五柳树,因以为号焉。"及陶诗《归园田居五首》其一:"榆柳荫后园,桃李罗堂前。"元亮,见前注。

⑩杏花红映仲尼坛:此句用孔子杏坛讲学之典,形容教学之乐。典出《庄子·渔父》:"孔子游乎缁帷之林,休坐乎杏坛之上。弟子

读书，孔子弦歌鼓琴。"后人因庄子寓言，在山东曲阜孔庙大成殿前，为之筑坛、建亭、书碑、植杏。北宋时，孔子四十五代孙道辅监修曲阜祖庙，将大殿北移，于其旧基筑坛，环植杏树，即以"杏坛"名之。坛上有石碑，碑篆"杏坛"二字为金翰林学士党怀英所书。明隆庆间重修，并筑方亭。仲尼，见前注。

⑪青罗带：青色的罗带。比喻色青流长的江河。古诗文习用语。唐韩愈《送桂州严大夫》："江作青罗带，山如碧玉篸（按：音义同"簪"）。"宋张孝祥《水调歌头·桂林集句》："江山好，青罗带，碧玉簪。"

⑫海蟾（chán）：指月亮。传说月中有蟾蜍，又从海上升起，故称月为"海蟾"。古诗文习用语。宋梅尧臣《闻角》："高树朝光动，城头落海蟾。"

⑬白玉盘：借指圆月。唐李白《古朗月行》："小时不识月，呼作白玉盘。又疑瑶台镜，飞在青云端。"

【译文】

寒冷对炎热，潮湿对干燥。

鲁隐公对齐桓公。

寒天用的毡毯对被人坐暖和的席子，晚上饮宴对早晨吃饭。

羊祜束着松缓的衣带，子路戴着雄鸡状的帽子。

周地郏鄏对赵国邯郸。

长势良好的禾苗经不起夏天的干旱，凋零衰败的柳树耐得住秋天的寒冷。

碧绿的柳树密密地遮着陶渊明的住宅，红艳的杏花灿烂地掩映孔子讲学的高台。

源远流长的江水，好像青罗带一样曲折宛转；从海中升起的月亮，好像白玉盘一般皎洁明亮。

（三）

横对竖，窄对宽。

黑志对弹丸①。

朱帘对画栋②，彩槛对雕栏③。

春既老④，夜将阑⑤。

百辟对千官⑥。

怀仁称足足⑦，抱义美般般⑧。

好马君王曾市骨⑨，食猪处士仅思肝⑩。

世仰双仙，元礼舟中携郭泰⑪；人称连璧，夏侯车上并潘安⑫。

【注释】

①黑志：有时写作"黑子"，比喻地域狭小。北周庾信《哀江南赋》："地惟黑子，城犹弹丸。"志，通"痣"。弹（dàn）丸：用弹弓射的泥丸。弹丸之地，比喻地域狭小。《战国策·赵策三》："诚知秦力之不至，此弹丸之地犹不予也。"

②朱帘：红色帘子。古诗文习用语。南朝梁江淹《灵丘竹赋》："绮疏蔽而停日，朱帘开而留风。"画栋：绘有各种彩色图案的屋梁。古诗文习用语。唐王勃《滕王阁》诗"画栋朝飞南浦云，珠帘（一作"朱帘"）暮卷西山雨"，以"珠帘""画栋"作对；宋丁黼《满江红·寿江古心母》词"南浦西山开寿域，朱帘画栋调新曲"，则是"朱帘""画栋"连用。

③彩槛（jiàn）、雕栏：有彩绘和雕刻的栏杆。槛，栏杆。唐鲍溶《宿水亭》："雕楹彩槛压通波，鱼鳞碧幕衔曲玉。"朱帘画栋、彩槛雕栏，常用于形容富贵人家富丽堂皇的房舍。

④春既老：春天即将结束。既，已。唐岑参《喜韩樽相过》："三月灞陵春已老，故人相逢耐醉倒。"

⑤夜将阑（lán）：黑夜即将到头。阑，阑珊，残、将尽的意思。宋柳永《尾犯》："秋渐老、蛩声正苦，夜将阑、灯花旋落。"

⑥百辟（bì）：诸侯，也泛指公卿大官。《国语·鲁语上》："其周公、太公及百辟神祇实永飨而赖之。"三国吴韦昭注："辟，君也。"《文选·（张衡）东京赋》："然后百辟乃入，司仪辨等，尊卑以班。"三国吴薛综注："百辟，诸侯也。"千官：大小官员。唐王维《敕赐百官樱桃》："芙蓉阙下会千官，紫禁朱樱出上阑。"

⑦怀仁：指凤凰心怀仁德。《宋书·符瑞志》："凤凰者，仁鸟也。"足足：象声词。相传为雌凤鸣声。汉王充《论衡·讲瑞》："案《礼记·瑞命》云：'雄曰凤，雌曰凰。雄鸣曰即即，雌鸣曰足足。'"唐段成式《酉阳杂俎·广动植·总叙》："凤，雄鸣节节，雌鸣足足，行鸣曰归嬉，止鸣曰提扶。"亦用以指凤凰。明杨慎《秇林伐山·足足般般》："薛道衡文：'足足怀仁，般般扰义。'足足，凤也；般般，麟也。"

⑧抱义：指麒麟胸怀仁义。般般：犹斑斑，形容兽皮灿烂多彩的样子。《史记·司马相如列传》："般般之兽，乐我君囿；白质黑章，其仪可喜。"唐司马贞索隐："般般，文彩之皃（貌）也。音班。"据明杨慎《秇林伐山·足足般般》："薛道衡文：'足足怀仁，般般扰义。'足足，凤也；般般，麟也。"则般般形容麒麟毛色有文彩。般，通"斑"。

⑨市骨：买千里马的骨头。典出《战国策·燕策一》："昭王曰：'寡人将谁朝而可？'郭隗先生曰：'臣闻古之君人有以千金求千里马者，三年不能得。涓人言于君曰："请求之。"君遣之。三月得千里马，马已死。买其首五百金。反以报君。君大怒曰："所求者生马，安事死马而捐五百金？"涓人对曰："死马且买之五百金，况

生马乎？天下必以王为能市马，马今至矣。"于是不能期年，千里
之马至者三。今王诚欲致士，先从隗始。隗且见事，况贤于隗者
乎？岂远千里哉？'于是昭王为隗筑宫而师之。乐毅自魏往，邹
衍自齐往，剧辛自赵往，士争凑燕。"郭隗给燕昭王讲了个故事：
说有位爱马的君王派人携千金去买千里马，到的时候，马已经死
了，使者便用五百金把马骨头买了回来。千里马的主人得知这
一消息，都争相卖马给这位君王。燕昭王于是礼遇郭隗。天下
贤人争相赴燕。后乃用"市骨"比喻招揽人才之迫切。

⑩食猪处士：典出《后汉书·周黄徐姜申屠列传》："太原闵仲叔者，
世称节士，虽周党之洁清，自以弗及也。党见其含菽饮水，遗以
生蒜，受而不食。……客居安邑。老病家贫，不能得肉，日买猪
肝一片，屠者或不肯与，安邑令闻，敕吏常给焉。仲叔怪而问之，
知，乃叹曰：'闵仲叔岂以口腹累安邑邪？'遂去，客沛。以寿终。"
东汉隐士闵仲叔，年老家贫，每次买肉只买一片猪肝，卖肉的不
肯卖他，安邑县令知道后，派官吏每天给他送猪肝，他认为是以
自己的口腹之欲拖累别人，所以不肯接受。

⑪"世仰双仙"二句：东汉名士郭泰与河南尹李膺交往密切。李膺
曾经和郭泰同船渡河，送行的人远远望去，觉得他们好像神仙一
样。典出《后汉书·郭太（按：因范晔父名泰，故改郭泰为郭太）
传》："（太）乃游于洛阳。始见河南尹李膺，膺大奇之，遂相友善，
于是名震京师。后归乡里，衣冠诸儒送至河上，车数千两。林宗
唯与李膺同舟共济，众宾望之，以为神仙焉。"元礼，即东汉李膺，
字元礼。见前注。郭泰（128—169），字林宗，太原界休（今山西
介休）人。汉末名士，与许劭齐名，并称"许郭"。又因曾被太常
赵典举为有道，故世称"郭有道"。与李膺等交游，名重洛阳，被
太学生推为领袖。第一次党锢之祸后，被士林誉为"八顾"之一。
但无意仕宦，官府多次辟召，都不应命。虽然善于品评海内人

士,但不为危言刻论,所以得免于党锢之祸。闭门教授,弟子数千。及卒,蔡邕为撰碑文。

⑫"人称连璧"二句:典出《世说新语·容止》:"潘安仁、夏侯湛并有美容,喜同行,时人谓之连璧。"《晋书·夏侯湛传》亦云:"湛幼有盛才,文章宏富,善构新词,而美容观,与潘岳友善,每行止同舆接茵,京都谓之'连璧'。"连璧,并列的美玉。喻指并美的人或事物。是西晋士人对夏侯湛、潘岳两位美男子的并称。夏侯,指夏侯湛(243—291),字孝若,谯国谯县(今安徽亳州)人。曹操手下大将夏侯渊之曾孙。年少时即以文章著名,又因容貌俊美,与潘岳友善,时称"连璧"。曾为太尉掾。晋武帝泰始年间,举贤良,对策中第,拜郎中;后补太子舍人,转尚书郎,出为野王令。晋惠帝时,为散骑常侍。卒于元康初年。今存《夏侯常侍集》。潘(pān)安,即潘岳(247—300),字安仁,荥阳中牟(今河南中牟)人。少年时代即被世人誉为奇童。早辟司空太尉府。举秀才。出为河阳令,转怀县令。杨骏辅政时,引为太傅主簿。骏诛,除名。后累迁为给事黄门侍郎。性轻躁趋利,谄事贾谧,为"二十四友"之首。赵王司马伦执政,岳与伦亲信孙秀有宿怨,秀诬以谋反诛之。潘岳善诗赋,是西晋文坛代表作家。与陆机齐名,有"潘江陆海"之称。今存《潘黄门集》辑本。

【译文】

横对竖,狭窄对宽阔。

像黑痣一样狭小的地方对像弹丸一样狭小的地方。

红色的帘子对画着图案的屋梁,彩绘的栏杆对雕花的栏杆。

春天已到尽头,长夜即将过去。

诸侯和官员相对。

怀有仁德的凤凰发出"足足"的鸣声,十分悦耳;胸怀道义的麒麟,皮毛看上去色彩斑斓。

喜欢骏马的君王曾经花重金买回千里马的骨头，汉代的处士闵仲叔仅以一片猪肝满足口腹之欲。

李膺和郭泰同船渡河，人们远远望去觉得他们好像两个神仙；夏侯湛和潘岳一起乘车，人们把他们比作连在一起的美玉。

上平十五删

【题解】

本篇共三段，皆为韵文。每段韵文，由若干句对仗的联语组成。每句皆押"平水韵"上平声"十五删"韵。

本篇每句句末的韵脚字，"攀""菅""颜""潺""环""删""关""山""悭""鬟""鹇""还""斑""奸""顽""蛮""斑""间"等，在传统诗韵（"平水韵"）里，都归属于上平声"十五删"这个韵部。这些字，在普通话里，韵母都含"an"，韵头有的是"i"，有的是"u"；声调有读第一声的，有读第二声的。

需要注意的是：普通话"an"韵母的字，并不都属于"平水韵"上平声"十五删"韵；也有可能属于上平声"十三元"韵、"十四寒"韵，或下平声"一先"韵、"十三覃"韵、"十四盐"韵、"十五咸"韵。尤需注意的是："十五删"韵的字，和上平声"十三元"韵（一部分）、"十四寒"韵及下平声"一先"韵是邻韵。填词时可以通押，写近体诗时不可通押。但和下平声"十三覃"韵、"十四盐"韵、"十五咸"韵不是邻韵，不仅写近体诗时不可通押，填词时亦不可以通押。这是因为，"十三覃"韵、"十四盐"韵、"十五咸"韵，属于闭口韵，即它的韵母实际上是收 [m] 尾，而非 [n] 尾。在中古音系统里，它们的韵尾不同。

（一）

兴对废，附对攀。

露草对霜菅①。

歌廉对借寇②，习孔对希颜③。

山垒垒，水潺潺④。

奉璧对探环⑤。

《礼》由公旦作⑥，《诗》本仲尼删⑦。

驴困客方经灞水⑧，鸡鸣人已出函关⑨。

几夜霜飞，已有苍鸿辞北塞⑩；数朝雾暗，岂无玄豹隐南山⑪。

【注释】

①露草：沾露的草。唐李华《木兰赋》："露草白兮山凄凄，鹤既唳兮猿复啼。"霜菅（jiān）：霜后枯萎的菅草。用以比喻白发。宋苏轼《再用前韵（追饯正辅表兄至博罗赋诗为别）》："乐天双鬓如霜菅，始知谢遣素与蛮。"菅，植物名。多年生草本，叶子细长而尖，花绿色。茎可作绳织履，茎叶之细者可以覆盖屋顶。

②歌廉（lián）：典出《后汉书·廉范传》："建初中，（廉范）迁蜀郡太守，其俗尚文辩，好相持短长，范每厉以淳厚，不受偷薄之说。成都民物丰盛，邑宇逼侧，旧制禁民夜作，以防火灾，而更相隐蔽，烧者日属。范乃毁削先令，但严使储水而已。百姓为便，乃歌之曰：'廉叔度，来何暮。不禁火，民安作。平生无襦今五绔。'"廉，指东汉大臣廉范，字叔度，京兆杜陵（今陕西西安）人。生卒年不详。求学京师，受业于博士薛汉。后薛汉坐楚王刘英事诛，范独往收殓，由是显名。举茂才，迁云中太守。明帝永平十六年（73）匈奴寇边，范击破之。后为武威、武都太守。章帝建初中迁蜀郡太守，百姓歌之。后免归乡里。善治产，好赈济，世称其义。借寇：典出《后汉书·寇恂传》："七年，代朱浮为执金吾。

明年,从车驾击隗嚣,而颍川盗贼群起,帝乃引军还,谓恂曰:'颍川迫近京师,当以时定。惟念独卿能平之耳,从九卿复出,以忧国可知也。'恂对曰:'颍川剽轻,闻陛下远逾阻险,有事陇、蜀,故狂狡乘间相诖误耳。如闻乘舆南向,贼必惶怖归死。臣愿执锐前驱。'即日车驾南征,恂从至颍川,盗贼悉降,而竟不拜郡。百姓遮道曰:'愿从陛下复借寇君一年。'乃留恂长社,镇抚吏人,受纳余降。"寇,指汉光武帝时大臣寇恂(? —36),字子翼,上谷昌平(今北京昌平)人。初为郡功曹。王莽败亡,说太守耿况南归刘秀,拜偏将军。后任河内太守,行大将军事;历颍川、汝南太守。光武建武七年(31)迁执金吾。从帝南征颍川群盗,降之,百姓遮道请于帝,愿复借寇君一年。后从征陇西,逼隗嚣余部高峻降汉。名重朝廷,人称长者。封雍奴侯,卒谥威。

③习孔:学习孔子。希颜:效法颜回。希,仰慕,以……为榜样。颜回为孔门大贤,后人遂以"希颜"泛指仰慕贤者。《晋书·虞溥传》:"夫学者不患才不及,而患志不立。故曰:'希骥之马,亦骥之乘;希颜之徒,亦颜之伦也。'"古人多以"习孔""希颜"取名者。

④潺潺(chán):流水或下雨的声音。

⑤奉璧:指蔺相如完璧归赵事。见前注。探环:典出《晋书·羊祜传》:"祜年五岁时,令乳母取所弄金环。乳母曰:'汝先无此物。'祜即诣邻人李氏东垣桑树中探得之。主人惊曰:'此吾亡儿所失物也,云何持去!'乳母具言之,李氏悲惋。时人异之,谓李氏子则祜之前身也。"晋人羊祜五岁的时候曾经在邻居李氏家的桑树中掏到金环一枚。主人见到后认出金环是他死去的儿子的物品,于是认为羊祜是他的儿子转世。后因以"探环"借指转世。元张翥《杂诗》之二:"叔子邻家儿,探环记前身。"

⑥公旦:即周公旦,西周王族。姬姓,名旦,亦称"叔旦"。周文王子,武王弟。辅佐武王伐纣灭商。武王卒,成王幼,周公摄政。东

平武庚、管叔、蔡叔之叛。复营洛邑为东都,作为统治中原的中心。又制定礼乐制度,分封诸侯,使天下臻于大治。成王长,还政于王。周公封国在鲁,因留任中央辅佐成王,而使长子伯禽代为就封,故周公为鲁国始祖。周公卒后,成王赐鲁国天子礼乐以褒其德。后世尊周公为圣贤典范,生平事迹见《史记·鲁周公世家》。

⑦《诗》本仲尼删:相传《诗经》曾经孔子删定。孔子删《诗》说,出自《史记·孔子世家》:"古者《诗》三千余篇,及至孔子,去其重,取可施于礼义,上采契、后稷,中述殷、周之盛,至幽、厉之缺,始于衽席,故曰'《关雎》之乱以为《风》始,《鹿鸣》为《小雅》始,《文王》为《大雅》始,《清庙》为《颂》始'。三百五篇孔子皆弦歌之,以求合《韶》《武》《雅》《颂》之音。"

⑧灞(bà)水:河名。渭河支流。在陕西中部。关中八川之一。客:指唐代诗人孟浩然。相传孟浩然常骑驴至灞桥踏雪寻梅,后人常以"灞桥风雪""踏雪寻梅"形容文人雅士赏爱风景苦心作诗的情致。孟浩然骑驴灞桥踏雪寻梅事,见前注。

⑨鸡鸣人已出函(hán)关:典出《史记·孟尝君列传》:"齐湣王二十五年,复卒使孟尝君入秦,昭王即以孟尝君为秦相。人或说秦昭王曰:'孟尝君贤,而又齐族也,今相秦,必先齐而后秦,秦其危矣。'于是秦昭王乃止。囚孟尝君,谋欲杀之。孟尝君使人抵昭王幸姬求解。幸姬曰:'妾愿得君狐白裘。'此时孟尝君有一狐白裘,直千金,天下无双,入秦献之昭王,更无他裘。孟尝君患之,遍问客,莫能对。最下坐有能为狗盗者,曰:'臣能得狐白裘。'乃夜为狗,以入秦宫臧中,取所献狐白裘至,以献秦王幸姬。幸姬为言昭王,昭王释孟尝君。孟尝君得出,即驰去,更封传,变名姓以出关。夜半至函谷关。秦昭王后悔出孟尝君,求之已去,即使人驰传逐之。孟尝君至关,关法鸡鸣而出客,孟尝君恐追至,客之居下坐者有能为鸡鸣,而鸡齐鸣,遂发传出。出如食顷,秦追

果至关，已后孟尝君出，乃还。"孟尝君夜里逃跑到函谷关，无法出门，他手下宾客中有能学鸡叫的，引得群鸡一起打鸣，使得他可以顺利逃脱。函关，指函谷关。秦国规定，函谷关鸡鸣始开。

⑩ 苍鸿：大雁。苍，指青苍色。明宋讷《元方次韵见答复用韵酬之》："舍后伍山翔白鹤，门前淇水落苍鸿。"

⑪ 玄豹：黑色的豹。其皮毛贵重，胎为美味。传说南山有玄豹，有雾的时候就藏起来，七天不吃东西，以保全它皮毛上的花纹和色彩。后人用玄豹来比喻隐居避世、洁身自好的人。典出《列女传》卷二"陶大夫荅子之妻"条："荅子治陶三年，名誉不兴，家富三倍。其妻数谏不用。居五年，从车百乘归休。宗人击牛而贺之，其妻独抱儿而泣。姑怒曰：'何其不祥也！'妇曰：'夫子能薄而官大，是谓婴害。无功而家昌，是谓积殃。昔楚令尹子文之治国也，家贫国富，君敬民戴，故福结于子孙，名垂于后世。今夫子不然。贪富务大，不顾后害。妾闻南山有玄豹，雾雨七日而不下食者，何也？欲以泽其毛而成文章也。故藏而远害。犬彘不择食以肥其身，坐而须死耳。今夫子治陶，家富国贫，君不敬，民不戴，败亡之征见矣。愿与少子俱脱。'姑怒，遂弃之。处期年，荅子之家果以盗诛。唯其母老以免，妇乃与少子归养姑，终卒天年。"

【译文】

兴盛对衰废，依附对攀援。

落满露水的草对经霜打过的草。

百姓歌颂廉叔度对向朝廷借用寇恂，学习孔子对效法颜回。

山石磊磊堆积，河水潺潺流淌。

蔺相如完璧归赵对羊祜掮得金环。

《周礼》是周公旦制定，《诗经》由孔子删订。

远行的人才刚刚经过灞水，他骑的驴子就已经非常疲劳了；等鸡真正开始鸣叫的时候,孟尝君已经通过函谷关了。

连着几天夜里落下寒霜,已经有大雁飞离北方边塞;持续几天早晨雾色昏暗,难道没有黑色的豹子隐藏在南山?

（二）

犹对尚①,侈对悭②。

雾髻对烟鬟③。

莺啼对鹊噪④,独鹤对双鹇⑤。

黄牛峡⑥,金马山⑦。

结草对衔环⑧。

昆山惟玉集⑨,合浦有珠还⑩。

阮籍旧能为眼白⑪,老莱新爱着衣斑⑫。

栖迟避世人⑬,草衣木食⑭;窈窕倾城女⑮,云鬓花颜⑯。

【注释】

①犹:犹自,仍然。尚:尚且。

②侈(chǐ):奢侈,浪费。悭(qiān):吝啬,节省。

③雾髻(jì)、烟鬟(huán):形容女子发髻蓬松美丽,远望如烟似雾。亦用以比喻云雾缭绕的峰峦。宋辛弃疾《游武夷作棹歌呈晦翁十首》其三:"玉女峰前一棹歌,烟鬟雾髻动清波。""雾鬟"较"雾髻"更常见,宋姜夔《湘月》:"谁解唤起湘灵,烟鬟雾鬓,理哀弦鸿阵。"

④莺啼:黄莺鸣叫。古诗文习用语。唐白居易《快活》:"可惜莺啼花落处,一壶浊酒送残春。"鹊噪(zào):喜鹊鸣叫。俗谓喜兆。《西京杂记》:"乾鹊噪而行人至。"《禽经》"灵鹊兆喜",晋张华注:"鹊噪则喜生。"《宋史·孙守荣传》:"一日,庭鹊噪,令占之,曰:'来日晡时,当有宝物至。'明日,李全果以玉柱斧为贡。"

⑤独鹤：孤鹤，离群之鹤。为古诗文习用语。唐杜甫《陪郑公秋晚北池临眺》："独鹤元依渚，衰荷且映空。"又"素琴独鹤"为士大夫志行高洁、为政简易之典故，源自北宋名臣赵抃以一琴一鹤自随事。《宋史·赵抃传》："神宗立，召知谏院。故事，近臣还自成都者，将大用，必更省府，不为谏官。大臣以为疑，帝曰：'吾赖其言耳，苟欲用之，无伤也。'及谢，帝曰：'闻卿匹马入蜀，以一琴一鹤自随，为政简易，亦称是乎？'未几，擢参知政事。抃感顾知遇，朝政有未协者，必密启闻，帝手诏褒答。"《梦溪笔谈·校证·人事一》："赵阅道为成都转运使，出行部内，唯携一琴一鹤，坐则看鹤鼓琴。尝过青城山，遇雪，舍于逆旅。逆旅之人不知其使者也，或慢狎之，公颓然鼓琴不问。"双鹇（xián）：一双白鹇。白鹇，鸟名。又称"银雉"。雄鸟的冠及下体纯蓝黑色，上体及两翼白色，故名。雌鸟棕绿色。分布于中国南部。《西京杂记》："闽越王献高帝石蜜五斛，蜜烛二百枚，白鹇、黑鹇各一双。"白鹇因毛色洁白，深为历代文人喜爱，有"闲客""玄素先生"之雅称。

⑥黄牛峡：即黄牛山，长江峡名。因南岸高崖如人牵黄牛而得名。以凶险闻名。在湖北宜昌西。南朝宋盛弘之《荆州记》："宜都西陵峡中有黄牛山，江湍纡回，途经信宿犹望见之，行者语曰：'朝发黄牛，暮宿黄牛。三日三暮，黄牛如故。'"北魏郦道元《水经注·江水二》："江水又东经黄牛山。下有滩名曰黄牛滩。南岸重岭叠起，最外高崖间有石如人负刀牵牛，人黑牛黄，成就分明，既人迹所绝，莫能究焉。此岩既高，加以江湍纡回，虽途经信宿，犹望见此物，故行者谣曰：'朝发黄牛，暮宿黄牛。三朝三暮，黄牛如故。'言水路纡深，回望如一矣。"

⑦金马山：山名，因山上有金马神祠得名。与碧鸡山相对。在今云南昆明附近。清顾祖禹《读史方舆纪要·云南二·云南府》："金马山，府东二十五里，西对碧鸡山，相距五十余里，其中即滇池

也。汉宣帝神爵元年,方士言益州金马、碧鸡之神可祠而至……即此。""金马碧鸡",典出《汉书·王褒传》:"后方士言益州有金马、碧鸡之宝,可祭祀致也。宣帝使褒往祀焉。"《汉书·郊祀志下》:"或言益州有金马、碧鸡之神,可醮祭而致。"唐颜师古注引三国曹魏如淳曰:"金形似马,碧形似鸡。"《后汉书·郡国志五》:"越巂郡十四城……青蛉有禺同山,俗谓有金马、碧鸡。"北魏郦道元《水经注·淹水》:"东南至蜻蛉县。县有禺同山,其山神有金马、碧鸡,光景倏忽,民多见之。汉宣帝遣谏大夫王褒祭之,欲致其鸡、马,褒道病而卒,是不果焉。王褒《碧鸡颂》曰:'敬移金精神马、缥碧之鸡。'故左太冲《蜀都赋》曰:'金马骋光而绝影,碧鸡倏忽而耀仪。'"

⑧结草:典出《左传·宣公十五年》:"魏武子有嬖妾,无子。武子疾,命颗曰:'必嫁是。'疾病,则曰:'必以为殉。'及卒,颗嫁之,曰:'疾病则乱,吾从其治也。'及辅氏之役,颗见老人结草以亢杜回,杜回踬而颠,故获之。夜梦之曰:'余,而所嫁妇人之父也。尔用而先人之治命,余是以报。'"春秋时期,魏颗遵从父亲魏武子清醒时的命令,在他死后,将他的宠妾嫁人;而不是遵从父亲不清醒时的命令将宠妾杀死陪葬。后来打仗时,那个宠妾的父亲把草编结起来,帮助他捉住了敌人。后因以"结草"为受厚恩而虽死犹报之典。《三国志·魏志·高堂隆传》:"魂而有知,结草以报。"衔(xián)环:典出《后汉书·杨震传》唐李贤注引南朝梁吴均《续齐谐记》:"宝年九岁时,至华阴山北,见一黄雀为鸱枭所搏,坠于树下,为蝼蚁所困。宝取之以归,置巾箱中,唯食黄花,百余日毛羽成,乃飞去。其夜有黄衣童子向宝再拜曰:'我西王母使者,君仁爱拯救,实感成济。'以白玉环四枚与宝:'令君子孙洁白,位登三事,当如此环矣。'"杨宝即杨震父,因救过黄雀而使子孙得好报。后遂以衔环为报恩典。

⑨昆山：指昆仑山，在新疆、西藏之间，西接帕米尔高原，东延入青海境内，势极高峻，多雪峰、冰川。昆仑山以出产美玉而闻名，是古代中国采玉的主要矿脉。晋潘尼《赠侍御史王元贶》："昆山积琼玉，广厦构众材。"集：汇集。

⑩合浦（pǔ）有珠还（huán）：典出《后汉书·循吏传·孟尝》："（合浦）郡不产谷实，而海出珠宝，与交阯比境……先时宰守并多贪秽，诡人采求，不知纪极，珠遂渐徙于交阯郡界。于是行旅不至，人物无资，贫者饿死于道。尝到官，革易前敝，求民病利。曾未踰岁，去珠复还，百姓皆反其业。"汉代的时候，合浦太守过分贪婪，大肆捕捞珍珠，致使珍珠移往别处，后来孟尝做合浦太守禁止搜刮百姓，改革以前的错误政策，于是珍珠又回到合浦。后来人们用成语"合浦还珠"比喻东西失而复得。合浦，地名。传说那里不长粮食但是出产珍珠。

⑪阮（ruǎn）籍：见前注。眼白：露出眼白。表示鄙薄或厌恶。典出《晋书·阮籍传》："籍又能为青白眼，见礼俗之士，以白眼对之。"晋代阮籍能为青白眼，他对那些谨遵礼法的俗人都以白眼相看，而对自己喜欢的人则用青眼相对。

⑫老莱（lái）：即老莱子，春秋时楚国隐士，极为孝顺，年近七十，仍穿上五色衣服舞蹈使父母取乐。着衣斑：指穿（童子穿的）五色彩衣。《艺文类聚》引《列女传》："老莱子孝养二亲，行年七十，婴儿自娱，着五色采衣。尝取浆上堂，跌仆，因卧地为小儿啼，或弄乌鸟于亲侧。"

⑬栖（qī）迟：语典出自《诗经·陈风·衡门》："衡门之下，可以栖迟。"毛传："衡门，横木为门，言浅陋也。栖迟，游息也。"比喻过简朴的隐居生活。避世：逃避尘世，逃避乱世。亦可写作"辟世"。典出《论语·宪问》："贤者辟世。"《论语·微子》："滔滔者天下皆是也，而谁以易之？且而与其从辟人之士也，岂若从辟世

之士哉！"另《庄子·刻意》："就薮泽,处闲旷,钓鱼闲处,无为而
已矣。此江海之士,避世之人,闲暇者之所好也。"

⑭草衣木食:编草为衣,以树木的果实充饥。比喻生活艰苦朴素。
亦用以比喻隐士与世隔绝的朴素生活。南朝齐萧子良《陈时政
密启》之二:"民特尤贫,连年失稔,草衣藿食,稍有流亡。"宋赵与
时《宾退录》:"梅圣俞如深山道人,草衣木食。王公大人见之,不
觉屈膝。"《辽史·营卫志上》:"上古之世,草衣木食,巢居穴处,
熙熙于于,不求不争。"

⑮窈窕(yǎo tiǎo):联绵词,形容漂亮美好的样子。《诗经·周
南·关雎》:"窈窕淑女,君子好逑。"《楚辞·九歌·山鬼》:"子
慕予兮善窈窕。"倾城:形容女子艳丽,容貌令全城人为之倾倒。
典出《诗经·大雅·瞻卬》:"哲夫成城,哲妇倾城。"汉郑玄笺:
"城,犹国也。"唐孔颖达疏:"若为智多谋虑之妇人,则倾败人之
城国。"本用作女主擅权、倾覆邦国的典故。又《汉书·外戚列
传上·孝武李夫人》:"孝武李夫人,本以倡进。初,夫人兄延年
性知音,善歌舞,武帝爱之。每为新声变曲,闻者莫不感动。延
年侍上起舞,歌曰:'北方有佳人,绝世而独立,一顾倾人城,再顾
倾人国。宁不知倾城与倾国,佳人难再得!'上叹息曰:'善! 世
岂有此人乎?'平阳主因言延年有女弟,上乃召见之,实妙丽善
舞。由是得幸。"后遂以"倾城"用作形容女子有绝世美貌之典。

⑯云鬓(bìn)花颜:形容女子鬓发如云、容貌似花。唐白居易《长
恨歌》:"云鬓花颜(一作"花冠")金步摇。"云鬓、花颜,多拆开来
用,皆为古诗文习用语。

【译文】

仍然对尚且,浪费对节省。

凌乱的鬓发对松散的发髻。

黄莺啼唱对鹊鸟鸣叫,一只白鹤对两只白鹇。

黄牛峡,金马山。

结草绳报恩对送玉环报恩。

昆仑山玉石堆集,合浦湾珍珠复生。

阮籍过去能为青白眼,老莱子近来爱穿色彩斑斓的衣服。

隐居避世的人衣食简朴,容貌美丽的女子面如花朵发如云。

(三)

姚对宋①,柳对颜②。

赏善对惩奸③。

愁中对梦里,巧慧对痴顽④。

孔北海⑤,谢东山⑥。

使越对征蛮⑦。

淫声闻濮上⑧,离曲听阳关⑨。

骁将袍披仁贵白⑩,小儿衣着老莱斑。

茅舍无人,难却尘埃生榻上⑪;竹亭有客,尚留风月在窗间⑫。

【注释】

① 姚(yáo):指姚崇。宋:指宋璟。他们都是唐玄宗时期贤明的宰相。姚崇(651—721),字元之,本名元崇,因避开元年号而改名崇,陕州硖石(今河南三门峡陕州区)人。应下笔成章举,授濮州司仓。武后朝,累迁至夏官侍郎、凤阁鸾台平章事。出为灵武道大总管,亳、宋、常、越、许等州刺史。睿宗立,拜兵部尚书、同平章事,进中书令。复出为申、徐诸州刺史。玄宗开元初复入相,迁紫微令,封梁国公。开元九年(721)卒,追赠扬州大都督,赐谥文献(碑文作"文贞")。崇长于吏道,号为名相,与宋璟并称

"姚宋"。生平见新、旧《唐书》本传。宋璟（663—737），邢州南和（今河北南和）人。唐高宗调露年间，登进士第。武则天时，官至左台御史中丞。中宗神龙元年（705），为吏部侍郎，迁黄门侍郎。出为贝州刺史，转杭州、相州刺史。睿宗即位，迁吏部尚书、同中书门下三品。贬楚州刺史，历魏、兖、冀三州刺史等职，入为国子祭酒、东都留守。玄宗开元初，任京兆府尹，进御史大夫，出为睦州刺史，徙广州都督。四年（716），由刑部尚书迁吏部尚书兼黄门监，居相位。五年，改号侍中。八年，以开府仪同三司罢政事，封广平郡公。十七年，拜尚书右丞相。二十年致仕，卒赠太尉，谥曰文贞。生平见新、旧《唐书》本传，颜真卿《有唐开府仪同三司行尚书右丞相上柱国赠太尉广平文贞公宋公神道碑铭》。

②柳：柳公权。颜：颜真卿。他们都是唐代有名的书法家，人称"颜筋柳骨"。柳公权（778—865），字诚悬，京兆华原（今陕西铜川耀州区）人。宪宗元和三年（808），以状元登进士第，又登博学宏词科，释褐秘书省校书郎。辟夏州节度掌书记。长庆中，官右拾遗、右补阙。大和中，为司封员外郎，充翰林学士。后累迁中书舍人、谏议大夫、工部侍郎，均兼内职。武宗立，罢为右散骑常侍，左授太子詹事，改宾客。后累进至太子少师。咸通初，以太子太保致仕，卒。公权博贯经术，通音律，工诗文，其书法体势劲媚，自成一家，极为时重，与颜真卿并称"颜柳"。生平见新、旧《唐书》本传。颜真卿（709—784），字清臣，京兆万年（今陕西西安）人。玄宗开元二十二年（734）进士及第，天宝元年（742）中文词秀逸科，历仕秘书省校书郎、醴泉尉、监察御史。八载（749）迁殿中侍御史，杨国忠怒其不附己，出为平原太守。安史乱起，起义兵抵抗。肃宗至德元载（756）拜宪部尚书、御史大夫，出为同、蒲、饶、升州刺史。代宗广德二年（764）迁刑部尚书，封鲁郡公（是以世称"颜鲁公"）。大历三年（768）出为抚州刺史。八年

（773）至十二年移刺湖州，十二年召为刑部侍郎。德宗建中三年（782）改太子太师，充淮宁军宣慰使。兴元元年（784），受命前往劝谕叛臣李希烈，为其所害，谥文忠。颜真卿工文词，尤善书法。楷书雄浑，人称"颜体"。生平见新、旧《唐书》本传、令狐峘《颜真卿墓志铭》、殷亮《颜鲁公行状》。

③赏善：多与"罚恶"连用，意为赏赐善人善事、惩罚恶人恶事。《毛诗序》："《赡彼洛矣》，刺幽王也。思古明王能爵命诸侯，赏善罚恶焉。"《汉书·贡禹传》："孝文皇帝时，贵廉洁，贱贪污，贾人、赘婿及吏坐赃者皆禁锢不得为吏，赏善罚恶，不阿亲戚。"惩（chéng）奸：多与"进善"连用，意为进用善良、惩治奸恶。唐周昙《咏史诗·虞舜》："进善惩奸立帝功，功成揖让益温恭。"亦作"进善惩恶"。唐白居易《除武元衡门下侍郎平章事制》："弼违救失，不以尤悔为虑；进善惩恶，不以亲仇自嫌。"

④巧慧：灵巧聪明。痴顽：愚蠢顽劣，愚蠢无知。有时用作谦辞。亦指藏拙，不合流俗。宋陆游《杂感》之二："古言忍字似而非，独有痴顽二字奇。"

⑤孔北海：指汉末孔融，曾任北海相，世称"孔北海"。孔融（153—208），字文举，鲁国（今山东曲阜）人。孔子二十世孙。性好学，有异才。初辟司徒杨赐府，大将军何进举高第，为侍御史。后辟司空掾，拜北军中候，迁虎贲中郎将。以忤董卓，转议郎。献帝时为北海相，后任少府、太中大夫。孔融名重天下，自负才气，触犯曹操，为其所杀。文辞有名于世，为"建安七子"之一。《后汉书》有传。

⑥谢东山：晋代谢安曾经隐居东山，世称"谢东山"。谢安（320—385），字安石，陈郡阳夏（今河南太康）人。少有重名，累辟不就。隐居会稽山阴之东山，与王羲之、许询、支遁等放情丘壑。年四十余始出仕，为桓温司马。孝武帝时，进中书监，录尚书事。太

元八年（383），谢安任征讨大都督，其弟谢石与侄谢玄在淝水大败前秦百万大军。谢安因功封建昌县公，都督扬、江、荆等十五州军事。时会稽王司马道子专权，谢安受排挤，出镇广陵。太元十年（385）卒，年六十六，追赠太傅、庐陵郡公，谥文靖。《晋书》有传。

⑦使越：出使南越。征蛮（mán）：征伐蛮夷。越和蛮，都是我国古代的少数民族。

⑧淫（yín）声：放荡的音乐。濮（pú）上：濮水一带的地方。濮水在春秋时期卫国境内，传说商纣王的乐工师延自沉于濮水，春秋时期郑、卫二国流行靡靡之音，《诗经》中三卫之诗（邶风、鄘风、卫风）和郑风多男女欢爱之诗，所以后世用濮上之音代指靡靡之乐、亡国之音。《礼记·乐记》："桑间濮上之音，亡国之音也。其政散，其民流，诬上行私而不可止也（按：《史记·乐书》亦引此段）。"汉郑玄注："濮水之上，地有桑间者，亡国之音于此之水出也。昔殷纣使师延作靡靡之乐，已而自沉于濮水，后师涓过焉，夜闻而写之，为晋平公鼓之。"《汉书·地理志下》："卫地有桑间濮上之阻，男女亦亟聚会，声色生焉。"

⑨离曲（qǔ）：送别时唱的歌。唐庄南杰《湘弦曲》："满堂怨咽悲相续，苦调中含古离曲。"阳关：古关名。在今甘肃敦煌西南古董滩附近，因位于玉门关以南，故称阳关。唐代诗人王维《渭城曲》（又名《送元二使安西》）中有"劝君更尽一杯酒，西出阳关无故人"的句子，后人以此为名创作了《阳关三叠》的曲子，《阳关三叠》也因此成为古人送别时唱的歌。唐李商隐《饮席戏赠同舍》："唱尽《阳关》无限叠，半杯松叶冻颇黎。"宋柳永《少年游》："一曲《阳关》，断肠声尽，独自上兰桡。"

⑩骁将（xiāo jiàng）：勇将，猛将。《后汉书·隗嚣传》："吴、耿骁将，云集四境。"仁贵：指唐代大将薛礼（字仁贵），因为他常穿白袍，

所以被称为白袍将军。薛礼（614—683），字仁贵，绛州龙门（今山西河津）人。少种田为业。太宗贞观中应募入军，从征辽东，着白衣持戟腰两弓，以骁勇闻名全军，迁右领军中郎将。高宗永徽时帝幸万年宫，山水暴至，仁贵救驾有功，赐御马。显庆中破高丽，擒契丹王，以功拜左武卫将军。又击突厥九姓于天山，发三矢，辄杀三人，于是虏慑皆降。军中歌曰："将军三箭定天山，战士长歌入汉关。"乾封初以降扶余等四十城封平阳郡公。咸亨元年（670）吐蕃入寇，唐军败，仁贵退守大非川，除名为庶人。未几，高丽余众叛，仁贵起为鸡林道总管，复坐事贬象州。会赦还，高宗思其功，起授瓜州长史，不久拜右领军卫将军，检校代州都督。卒于官。

⑪却：拒绝，阻止。

⑫风月：清风明月，泛指美景。唐吕岩《酹江月》："倚天长啸，洞中无限风月。"

【译文】

姚崇对宋璟，柳公权对颜真卿。

奖赏好人对惩罚坏人。

处在愁中对睡在梦里，乖巧聪明对愚笨顽皮。

孔融号北海，谢安号东山。

出使南越对征伐蛮夷。

濮水沿岸流行放荡的乐曲，《阳关三叠》是送别所唱的歌。

勇猛的将军披着薛仁贵征东曾穿过的那种白袍，小孩子穿着老莱子娱亲穿的那种花衣服。

茅屋没人居住，很难阻止灰尘落在座椅上；竹亭有客说笑，清风和明月还在窗户间流连。